QUE SAIS-JE ?

La justice aux États-Unis

ANNE DEYSINE
Professeur à l'Université de Paris X-Nanterre

ISBN 2 13 049257 6

Dépôt légal — 1re édition : 1998, mars

108, boulevard Saint-Germain, 75006 Paris

INTRODUCTION

La justice américaine fascine, elle attire, elle fait peur aussi. La Cour suprême a de tout temps occupé le devant de la scène et juges et *lawyers* ont joué un rôle important à tous les grands moments de l'histoire américaine. Et avant même la culmination qu'a constitué l'affaire O. J. Simpson (ou plutôt ses épisodes successifs), presse, radio et télévision s'étaient déjà engouffrées, à la suite du cinéma, dans ce créneau porteur. L'on assiste depuis une vingtaine d'années à un début de démythification de la Cour suprême, du type *The Brethren* – écrit par Woodward et Berstein à l'époque du Watergate et destiné à entraîner les lecteurs dans les coulisses de la Cour suprême et à expliquer comment se prennent les décisions. Actuellement, il s'agit d'un véritable déferlement d'ouvrages de vulgarisation, de grand journalisme ou de *best-sellers* dont l'intrigue tourne autour de la Cour suprême ou d'un tribunal et dont les héros sont des juges, des avocats, un jury *(The Runaway Jury)* ou une jeune, brillante et jolie étudiante en Faculté de droit *(The Pelican Brief)*. Les « meilleurs » de ces livres deviennent ensuite des films – *The Firm* ou *Time to kill* ou *The Pelican Brief*. Le plus intéressant est sans doute *A Civil Action,* tiré d'un fait réel. Et depuis quelques années, il n'est plus besoin de se contenter à la télévision de feuilletons romancés du type *L.A Law* (en France sous le titre bien mal traduit de *La loi à Los Angeles*) les méandres et les coulisses de la justice sont maintenant en direct dix-huit heures par jour sur le réseau câblé, *Court TV* (et à tout moment sur son site Internet) et le procès pénal d'O. J. Simpson (accusé d'avoir assassiné son ex-femme et un de ses amis) a été retransmis pratiquement *in extenso* sur la chaîne d'informations CNN. C'est possible, car les caméras aux États-Unis sont admises dans le prétoire dans de nombreux États dont la Californie, bien que le juge puisse l'interdire au cas par cas, ce qu'a fait le juge pour le procès civil O. J. Simpson. Le droit fait tellement partie de la culture américaine que l'on n'a jamais vraiment songé à contester le bien-fondé d'un tel choix qui permet de suivre en direct les affaires à scandale du type Lorena Bobbitt (qui a sectionné le pénis de son mari) ou O. J. Simpson mais aussi les reportages consacrés à la vie en prison ou à la délinquance juvénile. Et si l'on ajoute à cela les publicités télévisées, pas toujours du meilleur goût, diffusées à la télévision (depuis un arrêt de 1977 de la Cour suprême les avocats sont autorisés à faire de la publicité) par certains cabinets de *plaintiff lawyers*, on comprend mieux la place occupée aux États-Unis par le droit, la justice et par les *lawyers*.

La justice américaine fascine également parce que tout y est excessif : chaque année plus de 100 millions de dossiers sont déposés devant les juges américains, l'équivalent d'un procès par adulte. Et même si l'on élimine les affaires portées devant les juridictions fédérales, les affaires de drogue et de conduite en état d'ivresse, il apparaît que depuis 1985 le nombre de procès pour affaires civiles est en augmentation de 30 %. « Les gens se rendent compte qu'ils ont des droits qu'ils n'avaient pas par le passé », note Brian Ostrom, directeur du *Court Statistics Project*, au *National Center for State Courts*. Le droit au bonheur, certes garanti par la Déclaration d'Indépendance de 1776, sert de fondement au délire procédurier auquel on assiste actuellement. Le dernier en date étant la demande de 5 millions de dollars par un steward de la compagnie aérienne United « secoué » par un passager, le Rév. Shuller. « Il n'est plus question que de droits et peu de devoirs », déplore Stanley Hoffman et c'est vrai que si l'on considère les procès en responsabilité civile, les affaires de harcèlement sexuel ou celles intentées par des enfants devenus adultes et qui reprochent à leurs parents des sévices sexuels intervenus pendant leur enfance, il y a des abus. Selon l'*American Medical Association*, 40 % des médecins américains seront un jour poursuivis pour responsabilité civile – 75 % des obstétriciens le sont déjà – et il semble que le danger ne guette plus seulement les spécialistes à risque comme les obstétriciens ou les chirurgiens (esthétiques et les autres). Par ailleurs, les enfants commencent à demander au juge de les « divorcer » de leurs parents. Et de plus en plus de fumeurs et de non-fumeurs ainsi que les États eux-mêmes (qui doivent supporter les conséquences financières des soins à apporter aux malades du tabac) se retournent contre les producteurs de cigarettes. Un accord historique a été signé à l'été 1997 qui doit être approuvé par le Congrès et le Président.

Fort heureusement (en raison du caractère abusif de nombreuses demandes), les chiffres montrent que les juges rejettent 60 % des dossiers. Et si l'on regarde les chiffres globaux, on constate que la somme moyenne accordée par les jurés à une victime à titre de dommages et intérêts est de 30 000 $, mais la presse et le public ont tendance à retenir les condamnations à des sommes vertigineuses, comme dans l'affaire du jeune homme carbonisé lorsque le réservoir à essence de sa camionnette a pris feu lors d'une collision et dont les parents se sont vu octroyer plusieurs millions de dollars ; ou encore O. J. Simpson condamné au civil à un total de 33,5 millions de dollars, avant appel et en comptant les dommages et intérêts « punitifs ». Soulignons à cet égard que la différence est grande entre la somme accordée et la somme finalement perçue par la victime qui souvent ne touche rien ou est obligée de transiger.

En tout état de cause, cette manie du contentieux et de la « chicane » contribue à encombrer le système judiciaire et a un coût important pour le contribuable et pour la collectivité. Les dépenses de fonctionnement de la justice ont augmenté de 61 % entre 1985 et 1990 pour atteindre 9 milliards de dollars en 1990, ce qui pourrait être une bonne chose si ces sommes servaient là où existent les vrais besoins. Beaucoup estiment de surcroît que ce coût est responsable de la perte de compétitivité des entreprises américaines mais doit aussi être pris en compte si l'on veut réformer le système d'assurance sociale. Le seul moyen d'intégrer les 37 millions d'Américains qui en sont actuellement exclus est de faire des économies, en limitant les coûts et donc les actions en responsabilité qui sont engagées contre les praticiens hospitaliers, ce qui permettra d'économiser sur les 5,6 milliards de dollars d'assurance payés par les médecins et répercutés sur les malades, et sur les 20,1 milliards de dollars gaspillés en médecine non pas préventive mais « défensive », sous forme d'examens médicaux non nécessaires mais destinés à protéger le médecin contre une éventuelle action en responsabilité intentée par son patient ou sa famille. Le coût de la justice a également des répercussions sur un autre aspect qui sera abordé en fin d'ouvrage ; c'est l'accès à la justice, en matière pénale et civile pour les plus démunis.

La justice a pour particularité d'être à la fois une vertu et une institution. Sans pour autant négliger entièrement ce premier aspect, c'est le second qui nous intéresse ici principalement, ce qui ne nous empêchera pas de poser les grandes questions sur le rôle actuel de la justice aux États-Unis et sur les moyens humains et financiers qui lui sont ou devraient lui être consacrés.

Cet ouvrage se veut avant tout concret et explicatif de l'organisation judiciaire aux États-Unis, permettant ainsi de mieux comprendre ce qui se passe outre-Atlantique, que ce soit le procès d'O. J. Simpson, celui des responsables présumés de l'attentat d'Oklahoma City ou l'étroite imbrication entre politique et judiciaire. Certes le Congrès vote les lois et le Président peut refuser la promulgation grâce à son pouvoir de veto ; il n'en demeure pas moins que la Cour suprême a souvent le dernier mot. Et ce « gouvernement des juges » si visible et si apparent durant les périodes d'activisme judiciaire ne disparaît pas lorsque les juges suprêmes font preuve de réserve *(judicial restraint)*. Nous aborderons également les problèmes que rencontre la justice avec en toile de fond plus large l'évolution de la justice, de son rôle et des attentes des justiciables.

L'augmentation du rôle de la justice est indéniable ainsi que le regard différent que l'on porte sur elle. Ainsi que cela a été souligné, on lui demande tout : « Nous demandons à la justice à la fois de défendre les libertés, d'apaiser les tensions raciales, de condamner la guerre et la pollution... de nous protéger contre les abus du pouvoir et contre nos tentations privées, d'infliger des peines, d'atténuer les différences entre individus, de nous défendre avant que nous naissions... de nous accorder le droit au divorce, et à une sépulture » (Hufstedler, 1971). Ce phénomène est à mettre en parallèle avec une expansion du pouvoir judiciaire qui correspond à l'expansion du contenu des droits fondamentaux et la tendance à la judiciarisation. On note actuellement une tendance similaire dans toutes les démocraties mais spécialement aux États-Unis où le rôle important joué par les juges dans le système politique est inscrit dans la Constitution de 1787. Et le rôle joué par la justice et le pouvoir judiciaire est lui même étroitement lié à l'équilibre des pouvoirs à un moment donné ; c'est quand le Congrès et le Président s'opposent que les juges peuvent en théorie jouer un rôle plus important. Autrement dit, quand les autres pouvoirs ont davantage de difficultés à répondre aux demandes politiques, les juges peuvent alors occuper l'espace laissé libre. Mais ce considérable pouvoir est limité par le système de freins et contrepoids, par le cadre habituel d'une action en justice (existence d'un litige, d'un demandeur ayant qualité pour agir, etc.) et par la structure accusatoire du procès. Les fonctions d'accusation sont exercées par des « fonctionnaires » qui ne font pas partie de la magistrature mais sont des *lawyers*, à la différence des magistrats du Parquet en France. De même le jury, présent au civil comme au pénal délibère seul, hors de la présence du juge et se voit donc assigné un rôle crucial, puisque sa décision sur les faits s'impose au juge.

Il faut aussi souligner le paradoxe de la Cour suprême dont le rôle politique est indéniable mais ne pose pas problème. Rôle politique, en raison du processus de recrutement – qui fait place aux influences de l'environnement politique – et par la teneur des décisions rendues. Pourtant « tôt ou tard la Cour suprême suit les élections » (Dahl). Le cas le plus célèbre d'opposition entre le judiciaire et les autres branches est intervenu durant la période du *New Deal* et concerne les mesures d'intervention du gouvernement fédéral que souhaitait le président Roosevelt afin de sortir le pays de la crise de 1929. La Cour réussit à retarder ces programmes pendant quatre ans en les déclarant inconstitutionnels et c'est seulement après les élections de 1936 et la proposition de Roosevelt d'augmenter le nombre des juges siégeant à la juridiction suprême que la Cour change sa jurisprudence et s'incline devant le Congrès et le Président. Le départ à la retraite des juges les plus conservateurs et leur remplacement par des juges proche de la majorité et de la nouvelle philosophie économique ouvre alors une période de décisions plus conformes aux nouvelles réalités socio-économiques : la Cour ne fait plus de résistance.

La crise de la justice est aussi indéniable aux États-Unis, comme en France ; certains l'attribuent à l'augmentation du contentieux (associé à une évolution du type de contentieux en croissance) aboutissant à un engorgement des tribunaux. D'où une interrogation sur les moyens qu'une société est prête à consacrer à la justice, à une meilleure justice et à une justice « juste » (rend-elle actuellement des décisions justes ? et sinon, pourquoi ?) et sur les moyens d'y parvenir. L'existence de multiples propositions de réforme qui semblent aller dans le même sens – conciliateurs en France, développement des modes autres de résolution des conflits (ADR) aux États-Unis témoignent des besoins, mais il ne faut pas oublier que l'argent est le nerf de la guerre et que le budget de la justice est rarement une priorité, surtout en période de lutte contre les déficits budgétaires. On peut donc expliquer la crise de la justice par le manque de crédits mais aussi par le regard différent que le justiciable porte sur elle : elle a été démythifiée et étant plus proche du justiciable, elle est critiquée, au même titre qu'une autre institution, d'autant plus qu'on attend tout d'elle et que le risque de déception est grand. Mais, à la différence de la France, la justice ne fait pas peur aux États-Unis ; elle est considérée comme le recours normal et comme raisonnablement « juste ». Cela n'empêche certes pas les inégalités selon que l'on est blanc ou noir, riche ou pauvre – mais il est révélateur qu'un accusé pauvre et pratiquement analphabète Gideon se soit battu en 1963, tout seul à l'origine, pour obtenir d'être défendu par un avocat commis d'office dans des conditions et à une époque où ce droit n'était pas encore reconnu et qu'il ait obtenu gain de cause (Lewis).

En dernier lieu, nous nous montrerons également le contraste entre les systèmes de droit civil ou romano-germaniques (dont la France) et les pays de *common law* qui diffèrent par leur application du droit, leur magistrature (« bureaucratique » dans les premiers et « professionnelle » dans les seconds), par la façon dont se fait le contrôle de la constitutionnalité (confié à des juridictions spécialisées en Europe et effectué *a priori* en France alors qu'il est confié aux tribunaux « ordinaires » dans les pays anglo-saxons) et par la façon dont se déroule un procès (procédure plutôt inquisitoire en France et accusatoire aux États-Unis, donnant un rôle de premier plan aux avocats). Si cet ouvrage n'a pas une vocation principalement comparatiste, il nous a paru utile de préciser au fil des pages les différences importantes, touchant à la procédure, la place du jury ou encore aux spécificités du ministère public de chaque côté de l'Atlantique.

Nous allons d'abord dessiner le cadre juridique (I), puis étudier le rôle de la Cour suprême dans l'équilibre constitutionnel (II) avant de décrire l'organisation judiciaire fédérale et dans les États (III), puis d'expliquer le déroulement du procès (IV), le fonctionnement de la justice pénale (VI), le personnel judiciaire (V) et d'aborder quelques-unes des grandes questions (VII) auxquelles la justice américaine est confrontée de nos jours.

Chapitre I

LE CADRE JURIDIQUE

Afin de comprendre comment fonctionne la justice aux États-Unis, il est nécessaire de faire un détour par le rôle du droit. Schématiquement, le cadre juridique américain découle de l'existence au niveau fédéral d'une Constitution écrite (grande différence avec la Grande-Bretagne), assortie d'une Déclaration des droits *(Bill of Rights)* et qui est la loi suprême, à quoi s'ajoutent, en raison du système fédéral, 50 Constitutions des États et donc une hiérarchie des sources du droit bien particulière. L'autre élément essentiel est que les États-Unis sont un pays de *common law*, dans lequel s'applique la règle du précédent.

I. — **Cadre fédéral et fragmentation du pouvoir**

La nature du pouvoir qui n'est pas concentré entre les mains d'un « État central » comme en France a un impact sur le rôle du droit et le fonctionnement de la justice. Alors qu'en France, les différentes lois de déconcentration, décentralisation et régionalisation n'ont finalement guère modifié le schéma initial, le pouvoir aux États-Unis est divisé verticalement entre le gouvernement fédéral, les États fédérés et les collectivités locales et horizontalement entre les trois pouvoirs. Il s'agit là de la classique séparation des pouvoirs entre le Législatif à qui est dévolu le premier rôle, l'Exécutif et un pouvoir judiciaire qui est un troisième pouvoir à part entière, auxquels il faut ajouter les multiples agences à pouvoir réglementaire délégué et souvent quasi judiciaire. Cette dissémination se retrouve à chaque échelon de la pyramide fédérale et en particulier au niveau de chacun des cinquante États fédérés ; le résultat est à la fois le classique système de freins et contrepoids *(checks & balances)* : chacun des pouvoirs a besoin des autres pour fonctionner et une prolifération des sources du droit. Comme le montre Michel Crozier dans *Le phénomène bureaucratique*, la fragmentation du pouvoir entraîne des « coûts de transactions » juridiques ou procéduriers. Toute interaction entre un « ministère » et une agence par exemple s'inscrit dans un réseau de normes juridiques susceptibles d'être contestées et donc soumis à l'arbitrage des tribunaux. Laurent Cohen-Tanugi le souligne clairement : là où en France deux hauts fonctionnaires se seraient téléphoné (pour obtenir information, clarification ou décision), aux États-Unis le document est demandé par l'intermédiaire du juge. Ces coûts accrus ont été assumés et acceptés par les constituants : « La Constitution n'a pas pour objet de promouvoir l'efficacité mais de prévenir l'arbitraire » même s'il n'en est sans doute plus tout à fait de même aujourd'hui. Cette philosophie qui a pour priorité la prévention de l'arbitraire et de la concentration des pouvoirs est essentielle pour l'étude du droit aux États-Unis ; on la retrouve en particulier dans la procédure pénale et plus généralement dans les garanties accordées au justiciable.

Mais cet accent mis sur la procédure n'a pas que des avantages et a abouti à des excès que critique Philip K. Howard dans *The Death of Common Sense : How law is suffocating America* (1996). L'auteur s'attaque à la fois à la prolifération de règles et règlements (4 000 pour le seul OSHA, 70 000 pages de

Federal Register, équivalent du *Journal officiel*, sous G. Bush), toujours plus bureaucratiques et rigides et rendant impossible toute initiative créative, prise de responsabilité et recours au simple bon sens. L'autre cheval de bataille de Howard est l'omniprésence de la procédure *(process)* à des fins essentiellement défensives. Chaque activité, depuis la sanction d'un élève jusqu'à l'attribution de marchés publics est régie et réglementée dans le plus infime détail de façon à garantir une neutralité absolue (la question de savoir si telle procédure est possible ou même souhaitable n'est pas envisagée) et afin de prévenir et désamorcer tout risque de contestation ultérieure : « Nous avons suivi la procédure à la lettre. » Ceci est dû au fait que nous sommes dans le contexte juridique américain dans lequel le risque de contentieux est présent et réel à chaque instant. Tout est lié.

En ce qui concerne la séparation verticale, l'existence d'une structure fédérale se traduit par la coexistence d'un droit fédéral et de droits dans les États. Le Xᵉ amendement pose le principe de la compétence législative des États : « Les pouvoirs qui ne sont pas délégués aux États-Unis par la Constitution ou qui ne sont pas refusés par elle aux États sont conservés par les États ou le peuple. » Malgré l'extension considérable des prérogatives fédérales (en particulier grâce à l'interprétation extensive de la *commerce clause* faite par la Cour suprême), la compétence des États reste la règle et c'est le droit des États qui règle la vie quotidienne des citoyens. La famille, les contrats, le droit des successions, le droit des sociétés, les délits sont régis par le droit des États avec parfois des différences importantes selon les États, dans les domaines où n'existe pas de loi uniforme, c'est-à-dire de texte rédigé par un organe tel que l'*American Law Institute* et proposé ensuite à l'adoption dans chacun des 50 États.

II. — La hiérarchie des sources du droit

Il résulte de ce qui précède que la Constitution des États-Unis incluant la Déclaration des droits est la loi suprême qui prévaut sur toutes les autres sources du droit, y compris les Constitutions des États mais celles-ci sont la loi fondamentale dans l'État. Le cas des traités est un peu différent ; la Constitution affirme qu'un traité qui est un accord formel entre nations devient « loi suprême » une fois qu'il est signé par le Président et ratifié par les deux tiers du Sénat ; une loi n'est donc pas applicable si elle est en contradiction avec les dispositions d'un traité en vigueur. Mais un juge peut refuser de faire appliquer un traité si celui-ci prescrit des obligations incompatibles avec la Constitution fédérale. Viennent ensuite dans la hiérarchie des sources du droit les lois, puis les actes de l'Exécutif *(executive orders)* et les décisions des agences administratives. En ce qui concerne les lois, soulignons que le droit législatif *(statutory law)* au niveau fédéral ou des États prend une importance croissante, tant sur le plan quantitatif que qualitatif; la totalité du droit pénal, du droit de la vente et des effets de commerce est de nature législative.

Le rôle du droit écrit *(statutory law)*. — La Constitution des États-Unis et celles des États fédérés accordent aux législateurs la responsabilité de voter la loi dans le respect des principes constitutionnels ; or les changements économiques, techniques, politiques et sociaux toujours plus nombreux et fréquents ont amené le législateur à intervenir toujours davantage, si bien que la différence classique entre pays de tradition romano-germanique et pays de *common law* s'est estompée. Aux États-Unis, aussi, la loi est devenue la source première du droit sous réserve de son application et de son interprétation par la jurisprudence et de sa conformité avec la Constitution.

Deux points essentiels résument bien l'ambiguïté de la situation :

— une loi ne devient véritablement droit que quand elle a été interprétée une première fois par les tribunaux. Mais ce fait

ne diminue en rien le rôle des lois, tant étatiques que fédérales, ni celui des codes, des lois uniformes ou des *Restatements* (synthèse récapitulative d'un domaine du droit) ;
— une loi peut venir modifier la jurisprudence existante alors qu'à l'inverse un jugement ne saurait modifier une loi. Par contre le pouvoir judiciaire dispose de l'importante prérogative du contrôle de la constitutionnalité des lois *(judicial review)* ; en d'autres termes, une juridiction peut déclarer inconstitutionnel une loi ou un acte de l'Exécutif.

Bien qu'il faille toujours ranger le droit des États-Unis dans la famille de *common law*, il faut souligner le rôle croissant du droit codifié ou écrit *(statutory law)* depuis le deuxième quart du XIXe siècle. Cette prolifération de lois est certes en partie attribuable au conservatisme de la *common law* pas toujours adaptée pour évoluer en fonction des besoins sociaux (c'est alors le corps législatif qui introduit les nécessaires changements) mais c'est aussi une tendance que l'on note dans tous les pays industrialisés et qui découle de la complexité croissante de l'environnement socio-économique. Au niveau fédéral, le *United States Code* (USC) rassemble toutes les lois adoptées par le Congrès des États-Unis (et publiées au fur et à mesure dans le *Federal Register*, équivalent du *Journal officiel*) ; et il existe un système similaire au niveau de chacun des États ; et donc les juges américains se trouvent confrontés dans certains cas aux mêmes problèmes d'interprétation que leurs confrères civilistes, avec des différences néanmoins. En effet, les lois font référence à des termes ou concepts empruntés à la *common law*, si bien que le droit positif intègre et incorpore les idées de la *common law ;* et par conséquent l'interprétation du *US Code* requiert la connaissance de la traditionnelle *common law,* parfois vieille de plusieurs siècles. De surcroît, les juges continuent d'être marqués par la nécessité de cohérence et de continuité dans l'application de la loi par rapport aux décisions passées. Il y a donc en permanence interaction entre droit positif et *common law*.

Lorsqu'il s'agit de matières qui relèvent du droit des États, la tendance est à adopter des « lois uniformes » qui sont des textes proposés à l'adoption des 50 États ; il en est ainsi du *Uniform Commercial Code* (UCC) ou Code de commerce uniforme qui malgré son nom n'est pas un code au sens français du terme. La dernière source du droit est la jurisprudence, tant fédérale que des États. Cette multiplicité des sources du droit explique la complexité de celui-ci et indirectement le nombre des juristes et leur importance.

Depuis Tocqueville, tous les observateurs français ont souligné l'omniprésence du droit et des *lawyers* et Laurent Cohen-

Tanugi dans *Le droit sans l'État : sur la démocratie en France et en Amérique*, établit une intéressante corrélation entre cette situation de prééminence du droit, d'« autonomie de la société civile américaine » et l'effacement (relatif) de l'État outre-Atlantique. Pour lui, le droit et les juristes occupent la place de l'État administratif pour assurer la régulation de la société, et le légalisme américain, malgré ses excès, est au cœur d'une certaine conception de la démocratie et « d'un certain mode de régulation de la société » qui reposent sur la primauté de l'individu et de la société civile par rapport à l'État. Mais sans doute Cohen-Tanugi va-t-il un peu loin lorsqu'il accepte que l'intérêt général puisse être la somme des intérêts particuliers tels qu'ils s'expriment par l'intermédiaire des différents groupes de pression *(lobbies)* de taille et puissance bien différentes ? Certains « intérêts » sont plus puissants que d'autres ainsi que le rappellent opportunément les scandales liés au rôle de l'argent en politique et au financement des élections de 1996.

III. — La « common law »

Le droit américain, on le sait, appartient à la famille des droits de *common law* du fait de ses emprunts à la *common law* anglaise à laquelle s'est ajoutée l'*Equity* (voir plus loin) qui prit naissance en Grande-Bretagne. La place du droit anglais aux États-Unis a connu des hauts et des bas. Après l'Indépendance, les anciennes colonies ont rejeté avec force toute influence de la tradition juridique britannique en adoptant des Constitutions écrites et en interdisant toute référence à des arrêts rendus par les juridictions anglaises. Puis durant la première moitié du XIXe siècle, l'influence juridique anglaise se fit à nouveau sentir, à la suite de la publication aux États-Unis des *Commentaires* de Blackstone. Une seconde rupture plus marquée intervint au moment de la guerre de Sécession *(civil war)* de 1861 à 1865. Depuis lors, le droit américain proprement dit a pris son essor.

On peut définir la *common law* comme cette partie du droit qui n'a pas sa source dans les lois ou règlements émanant des pouvoirs législatifs et exécutifs au niveau fédéral ou des États. On peut aussi se référer à la définition de Kent : « La *common law* comprend ces principes, usages ou règles, applicables au gouvernement, aux personnes et aux biens, dont l'autorité ne repose pas sur une déclaration expresse de la volonté du législateur. » Le doyen Roscoe Pound voit la *common law* sous trois angles différents : en tant que système, en tant que tradition et en tant que manifestation d'une attitude d'esprit. André Tunc, quant à lui dans son étude du droit américain, a bien mis en lumière ces différents éléments : la *common law* est une technique de résolution des litiges consistant à appliquer les principes dégagés de l'expérience judiciaire conservée dans les recueils de jurisprudence, habitude de prendre en compte non les individus mais les relations qui peuvent exister entre eux, entre mari et femme ou mandant et mandataire ; et enfin une attitude d'esprit qui tend à envisager les choses d'une manière concrète et non dans l'abstrait. Ainsi qu'André Tunc s'est plu à le souligner, la *common law* ; repose sur trois principes fondamentaux :

— le respect du précédent judiciaire. C'est la règle du *stare decisis* en vertu de laquelle les litiges doivent être résolus à l'aide des principes dégagés par induction de l'expérience judiciaire du passé et non par déduction de règles établies arbitrairement par une volonté souveraine ;
— le recours au jury pour statuer sur les points de fait du litige ;
— la suprématie du droit, c'est-à-dire la soumission de toutes les personnes physiques ou morales de droit privé ou public aux règles juridiques.

On constate alors que les pays de *common law* se distinguent de la famille des droits romano-germaniques à laquelle appartient la France sur plusieurs points.

L'approche juridique pragmatique plutôt que théorique part du cas particulier pour lui apporter une solution, au lieu de mettre en jeu des principes généraux et abstraits comme c'est le cas dans les pays romano-germaniques. Le travail du juge se caractérise par la technique de la distinction *(distinguishing)* plutôt que par celle de l'interprétation (en développement néanmoins du fait du rôle croissant du droit législatif). La procédure y est accusatoire *(adversary)*, alors qu'elle est partiellement inquisitoire en France, et confère donc un rôle important aux avocats, le juge étant essentiellement chargé, comme un arbitre, de veiller au bon déroulement de la procédure. Autre spécificité des pays de *common law* : règles de fond et règles de procédures sont intimement liées, et cette indissociabilité est encore accrue historiquement par la place de l'*Equity*.

Un mélange de *common law* et d'*Equity*. — Les colonies ont adopté avec des nuances les deux composantes du droit anglais que sont la *common law* (ou droit coutumier et jurisprudentiel) et l'*Equity*. L'*Equity* née en Grande-Bretagne avait à l'origine pour mission de compléter le droit de *common law,* en raison de ses lacunes, lorsque celui-ci ne permettait pas à une personne lésée d'obtenir réparation. Celle-ci adressait alors une pétition au souverain, lui demandant de *do right for the love of God and by way of charity* et celui-ci la confiait à son *Chancellor*, que l'on en vint à appeler gardien de la conscience du Roi *(Keeper of the King's Conscience)*. Puis fut crée la *Court of Chancery* dont l'existence se prolongea jusqu'en 1875, date à laquelle elle fut fusionnée avec la *Supreme Court of Judicature*.

On peut donc définir l'*Equity* comme un ensemble de règles qui ont été principalement, aux XVe et XVIe siècles, dégagées et appliquées par la juridiction du Chancelier, pour compléter et à l'occasion réviser un système, celui de la *common law*, devenu insuffisant et inapproprié.

L'*Equity* prend généralement la forme d'une ordonnance *(judicial decree)*, incluant depuis 1875 l'octroi de dommages et intérêts ; elle laisse le juge libre d'ordonner des mesures préventives, parfois de réparation généralement sous forme d'un *writ*, comme une *injunction* ou un *restraining order* (ordonnance destinée à interdire une action). L'*Equity* a la particularité d'agir sur l'individu, le défendeur, à qui le tribunal peut ordonner ou interdire de se livrer à telle action. Et si celui-ci n'obéit pas, il risque une condamnation pour atteinte à la cour *(contempt of court)*. Mais parce que ces recours sont considérés comme extraordinaires, ils ne sont accordés que lorsque le remède offert par la *common law* est inadéquat et donc que le demandeur risque de subir un préjudice irréparable *(irreparable injury rule)*. Selon cette règle, l'*Equity* entrerait en jeu uniquement pour empêcher un préjudice « irréparable », c'est-à-dire pour lequel il n'est pas possible d'obtenir réparation en *common law*. Pour certains, cette règle a perdu de sa force. Cela ne veut pas dire que l'on n'y fait plus référence mais que le juge et le demandeur se décident sur des questions de commodité.

Parmi les traits qui différencient un procès en *Equity* d'une action en *common law (action at law)* figurent l'absence d'un jury, une procédure plus flexible et des possibilités plus grandes de recours en appel. Les États-Unis n'ont jamais eu de cours d'*Equity* au plan fédéral ; mais plusieurs États en ont encore. Et si la plupart des États ont fusionné leurs juridictions de *common law* et d'*Equity,* il reste néanmoins des exceptions, dont le Delaware où le *Chancellor of Delaware* évoque le *Chancellor* britannique. Dans certains États, le même magistrat siège certains jours comme *law judge* (appliquant la *common law)* et d'autres comme *equity judge* ; dans les autres États, c'est la même juridiction qui tranche les affaires en *common law* et en *Equity*. Pourtant le droit américain reste marqué par la tradition de l'*Equity* dont l'influence n'est pas limitée à quelques remèdes ou exceptions particulières.

Aux États-Unis, comme en Grande-Bretagne, la claire distinction entre *common law* et *Equity* s'est atténuée. Au fil des années il s'est opéré une répartition des matières, si bien que de nos jours aux États-Unis, *common law* et *Equity* peuvent être considérées comme deux branches du droit, embrassant chacune un nombre de matières et caractérisée par le recours à une certaine procédure. C'est ainsi que la *common law* embrasse tout le droit criminel, le droit des contrats et de la responsabilité civile *(tort)* tout en appliquant sans problème des concepts ou raisonnements qui ont pris naissance dans l'*Equity* : *misrepresentation* (assertions erronées) ou *undue influence* (violence morale) en droit des contrats par exemple. De son côté, l'*Equity* embrasse le droit des biens immeubles, des *trusts*, celui des sociétés commerciales, des faillites (annexé par l'*Equity* lorsque l'accent a été mis non sur le comportement délictuel du failli mais sur la nécessité d'organiser la liquidation collective de son patrimoine) et des liquidations de successions.

Signalons pour finir que si la source historique la plus importante est la *common law* anglaise, il faut mentionner les règles indiennes de nature coutumière et les influences du droit français et du droit espagnol. Du second, il reste des traces (dans les États du Sud-Ouest) dans des matières comme le régime juridique des titres fonciers ou le régime matrimonial de la communauté de biens. La place du droit français remonte aux possessions qu'avait la France et qu'elle céda d'abord aux Espagnols avant de les racheter puis de les vendre aux Américains, abandonnant officiellement sa souveraineté en décembre 1803. Des 17 États américains découpés au sein des régions achetées à la France, seule la Louisiane à forte population française et solide tradition juridique, réussit à assurer la survie du droit civil en votant l'adoption d'un *Digest* (ou Code civil) en 1808. A l'heure actuelle, le Code civil de Louisiane (adopté en 1825 et amendé en 1870) régit des pans entiers du droit privé (famille, successions, obligations contractuelles) mais d'autres domaines ont basculé du coté de la *common law* (responsabilité délictuelle) et du droit uniforme (adoption du Code de commerce uniforme, UCC en quasi-totalité).

IV. — La règle du précédent

La règle du précédent renvoie à l'obligation qui est faite au juge de se référer aux précédents, c'est-à-dire aux décisions précédentes. Même si ce principe, d'application stricte en Grande-Bretagne, s'applique de façon plus souple aux États-Unis, les décisions de justice y ont aussi une double fonction. La première classique et commune à tous les systèmes de droit consiste à apporter une solution définitive à un litige. En vertu de la doctrine de *res judicata* ou autorité de la chose jugée, une affaire ne peut être rejugée, une fois la décision définitive rendue et les voies de recours épuisées. Le justiciable est de surcroît protégé en matière pénale par la règle de *double jeopardy* qui interdit qu'un accusé soit jugé deux fois pour le même crime mais cela n'empêche pas deux juridictions ayant des finalités différentes – pénale puis civile ou d'État puis fédérale – d'entendre l'affaire.

Et dans les pays de *common law*, outre la solution apportée à un litige, les jugements et arrêts remplissent une seconde fonction : ils servent de précédent, si bien qu'une affaire similaire a de grandes chances, sauf revirement de jurisprudence, d'être jugée de la même manière que la première. C'est la signification de la règle *stare decisis*, raccourci de la phrase latine *stare decisis et non quieta movere.*

La règle du précédent a été explicitée en Grande-Bretagne par Blackstone et Kent, ce qui permet de dégager les conditions auxquelles une décision doit satisfaire pour devenir précédent. Il faut « une décision mûrement réfléchie sur un point de droit qui a soulevé un litige ». Il faut donc un point de droit (et non une question de fait), soulevée par le litige, ce qui exclut les affirmations accessoires et non nécessaires *(dicta)*. Et cette décision doit avoir été mûrement réfléchie, c'est-à-dire avoir donné lieu à un raisonnement approfondi.

Pourtant aux États-Unis, la doctrine du précédent n'a jamais joui de la même autorité qu'en Grande-Bretagne ; c'est en partie dû au système fédéral et à la taille du territoire, avec pour conséquence la diversité et le volume des décisions rendues chaque année, ce qui malgré l'existence de banques de données juridiques très performantes rend difficile de conserver et de rechercher toutes ces décisions... Les décisions de première instance n'ont qu'une faible autorité et les décisions « de premier appel » ne deviennent importantes que si elles en viennent à constituer une « jurisprudence constante ». Par ailleurs, les États étant souverains, la règle du *stare decisis* ne s'applique qu'au sein de la hiérarchie des juridictions de chaque État, auxquelles il faut ajouter depuis l'arrêt Erie de 1938 les juridictions fédérales quand elles ont à appliquer le droit d'un État. Les Cours suprêmes des États et la Cour suprême des États-Unis ne sont pas tenues de suivre leur propres décisions et peuvent opérer des revirements de jurisprudence – ce que la Chambre des Lords en Grande-Bretagne ne peut faire que depuis 1966. Ces revirements permettent aux juridictions suprêmes étatiques de s'aligner sur un courant dominant dans d'autres États et à la Cour suprême de mettre fin à des divergences d'interprétation, tout en favorisant une adaptation souple du droit aux nouvelles nécessités techniques, économiques ou sociales.

Modalités d'application de la règle du précédent. — Deux concepts servent de fondement à la règle du précédent : la distinction entre point de droit principal *(holding* ou *ratio decidendi)* et secondaire *(obiter dictum)* et la technique des distinctions ou *distinguishing* qui permet de conférer à un précédent une autorité réduite *(persuasive)* ou au contraire obligatoire *(binding*). Le *holding* correspond à la règle de droit sur laquelle repose la solution juridique donnée à l'affaire, alors que les *dicta* sont des éléments de raisonnement non directement nécessaires à la décision et qui ne peuvent par conséquent pas servir de précédents dotés de la force obligatoire.

Par ailleurs deux techniques peuvent augmenter ou amoindrir l'impact du précédent ; ce sont, lorsqu'il y a collégialité, les opinions de dissidence *(dissenting opinion)* ou de concurrence *(concurring opinion)* qui sont des *dicta* et les *holdings* polyvalents *(multilegged holding)*, c'est-à-dire s'appuyant sur plusieurs des moyens soulevés sans que l'on sache réellement dans quelle mesure chacun d'entre eux a contribué à la décision finale.

Chapitre II

LA COUR SUPRÊME DANS L'ÉQUILIBRE CONSTITUTIONNEL

Le pouvoir judiciaire américain a pris naissance en même temps que les deux autres pouvoirs ou « branches du gouvernement » (au sens américain et non français de gouvernement). En effet la Constitution des États-Unis qui se veut un modèle de séparation des pouvoirs consacre son article premier au Législatif, le second à l'Exécutif et le troisième au Judiciaire. C'est ce qui explique en partie l'immense prestige dont jouit la Cour suprême qui cumule les attributions reconnues en France à la Cour de cassation, au Conseil d'État et au Conseil constitutionnel (qui a pourtant vu accroître ses prérogatives depuis 1971). En d'autres termes, les États-Unis ont intégré depuis longtemps dans leur fonctionnement institutionnel le pouvoir judiciaire entre les mains duquel sont concentrées toutes les compétences. La justice facilite le rôle des acteurs politiques et des médias et leur action sur la vie publique. Le pouvoir judiciaire est au centre de la vie publique et politique, ce qui permet de comprendre pourquoi la question de l'indépendance des juges ne se pose pas dans les mêmes termes aux États-Unis et en France où l'autorité (et le mot n'est pas innocent) judiciaire, confinée dans un rôle d'application de la loi, doit compter sur le Président (et un Conseil supérieur de la magistrature rénové) pour voir garantir son indépendance.

Présenté comme peu influent et donc peu dangereux par Hamilton dans les *Federalist Papers*, comme ayant seulement le pouvoir de persuader mais ni la bourse (le pouvoir financier appartient au Congrès) ni l'épée (qui relève de l'Exécutif), le pouvoir judiciaire joue néanmoins un rôle essentiel dans l'équilibre constitutionnel, en grande partie via la Cour suprême. Hamilton affirme par ailleurs que l'interprétation des lois relève des tribunaux et qu'il incombe à ceux-ci de déclarer inconstitutionnels tous actes contraires à la teneur de la Constitution. Il annonce ainsi le pouvoir de contrôle de la constitutionnalité *(judicial review)* qui n'est pourtant pas inscrit dans la Constitution et que la Cour détient depuis la fameuse décision *Marbury v. Madison* de 1803 rendue sous la présidence du *Chief Justice* Marshall. Soulignons que malgré ce pouvoir, la Cour suprême n'est pas une cour constitutionnelle au sens où on l'entend dans les pays européens. En effet, à la différence de la cour constitutionnelle allemande, ce n'est pas une juridiction crée pour connaître spécialement et exclusivement du contentieux constitutionnel ; elle ne remplit pas non plus les autres conditions énumérées par Louis Favoreu « située hors de l'appareil judiciaire ordinaire et indépendant de celui-ci comme des pouvoirs publics ». Au contraire, elle cumule les prérogatives et rôles exercés en France par la Cour de cassation, le Conseil d'État et le Conseil constitutionnel, ce qui lui confère un rôle hautement politique puisqu'elle se prononce sur toutes les grandes questions qui agitent la société américaine, l'avortement, la peine de mort mais aussi le financement des élections ou la question de savoir si un président en exercice peut ou non faire l'objet de poursuites judiciaires durant son mandat (en l'occurrence Bill Clinton pour harcèlement sexuel et la réponse est « oui »).

I. — La composition de la Cour suprême

La Constitution ne prévoyant aucun chiffre pour le nombre de membres de la juridiction suprême *(Justices)*, celui-ci a évolué selon les périodes : 5 en 1789, 6 en 1790, 7 en 1807, 9 en 1837, 10 en 1863 puis de nouveau 8 en 1866 et 9 depuis 1869 ; et malgré la tentation du président Franklin Roosevelt de faire passer ce chiffre à 15 dans la cadre de son *court-packing plan* destiné à vaincre la résistance d'une cour conservatrice s'opposant systématiquement aux mesures du *New Deal*, elle compte toujours 9 membres dont un *Chief Justice* qui est véritablement le président de la Cour en vertu de l'influence incontestable qu'il exerce et des lourdes charges administratives qui sont les siennes : la Cour suprême est une petite PME ou un gros cabinet d'avocats à l'échelle française, avec son personnel, ses bibliothécaires, les *court reporters*, sans oublier un coiffeur et une couturière.

Les juges, selon l'article III, section 1 sont nommés à vie : « Ils conserveront leur charge aussi longtemps qu'ils en seront dignes. » L'inamovibilité dont ils jouissent s'exprime sous une forme pragmatique, ambiguë et jamais réellement définie ; ils siègent *during good behaviour*, c'est-à-dire tant qu'ils se comportent bien ! La seule menace qui pèse sur les juges est celle de la mise en accusation par la voie de l'*impeachment* pour « trahison, concussion ou autres crimes ou délits majeurs » mais elle n'a été utilisée qu'une fois à l'encontre du juge Samuel Chase qui fut acquitté en 1805. Cet épisode a contribué à restreindre le champ d'application de la procédure d'*impeachment*, qui est cependant encore brandie comme menace ; ainsi contre Earl Warren dans les années 60, William O. Douglas, dix ans plus tard, et contre Abe Fortas qui a sans doute démissionné sous cette menace. Mais dans l'ensemble, l'adage « Un juge à la Cour suprême démissionne rarement et ne meurt jamais » traduit bien la réalité. C'est vrai qu'une bonne dizaine d'entre eux a siégé plus de trente ans, certains d'entre eux attendant « désespérément » l'élection d'un président démocrate susceptible de nommer un libéral pour les remplacer ; ce fut le cas par exemple du juge Hugo Black et de William O. Douglas, autre figure libérale de l'ère Warren.

Le mode de désignation, par le Président avec l'approbation du Sénat est un exercice de *checks and balances* et il est politisé parce que le Président et le Sénat veulent des hommes (et depuis peu des femmes) qui partagent leurs idées. Mais ils ne parviennent pas toujours à leurs fins ; certains candidats ne sont pas approuvés par le Sénat et d'autres évoluent de façon inattendue : ce fut le cas d'Earl Warren nommé par le président républicain Eisenhower et qui devint le très libéral *Chief Justice* à l'origine de dizaines d'arrêts en faveur des droits civiques et des libertés individuelles, depuis le fameux *Brown v. Board of Education* qui mit fin à la ségrégation à l'école jusqu'à l'arrêt *Miranda*, sans doute l'un des plus connus en France grâce aux nombreux films policiers dans lesquels le suspect est avisé de ses droits (à garder le silence et bénéficier des services d'un avocat).

La Cour en 1997, sous la présidence de William H. Rehnquist, juge depuis 1972 et Chief Justice depuis 1986.

William H. Rehnquist, nommé juge en 1972 par le président Nixon et *Chief Justice* en 1986 par le président Reagan ;
Breyer nommé en 1994 par le président Clinton ;
Ruth Bader Ginsberg nommée en 1993 par le président Clinton ;
Anthony M. Kennedy nommé en 1987 par le président Reagan ;
Sandra Day O'Connor nommée en 1983 par le président Bush ;
Antonin Scalia nommé en 1986 par le président Reagan ;
David H. Souter nommé en 1990 par le président Bush ;
John Paul Stevens nommé en 1975 par le président Ford ;
Clarence Thomas nommé en 1991 par le président Bush.

Les *Justices* sont tous diplômés d'Universités de droit prestigieuses comme Yale, Stanford, Harvard ou Northwestern ; et il est coutume de respecter un équilibre entre les États ou les régions des États-Unis, de même que la coutume veut qu'il y ait au sein de la Cour un catholique, un juif, un noir, une femme (depuis peu et deux maintenant) et maintenant un Italo-Américain depuis la nomination d'A. Scalia.

II. — Compétence, mode de saisine et procédure

La Cour suprême se trouve au sommet d'une double pyramide judiciaire : celle des juridictions d'État (en vertu de la loi sur l'organisation judiciaire de 1789) qui confie explicitement à la Cour suprême le pouvoir de confirmer ou infirmer les décisions rendues par les juridictions d'État et celle des juridictions fédérales (voir croquis). Elle est donc compétente à la fois en première instance et en «appel». De plus, la décision *Marbury v. Madison* lui a conféré le contrôle de constitutionnalité.

Les cas dans lesquels la Cour suprême est compétente sont énumérés dans la Constitution. Il s'agit des litiges mettant en jeu la Constitution, des lois ou des traités des États-Unis et ceux qui relèvent du droit maritime et des brevets, ainsi que des affaires mettant en cause les ambassadeurs et consuls étrangers, celles dans lesquelles les États-Unis sont eux-mêmes partie, les litiges entre deux ou plusieurs États et en dernier lieu les litiges opposant un État (ou ses ressortissants) à un autre État (ou ses ressortissants) ou un pays étranger (ou ses ressortissants). La Cour suprême a compétence exclusive en premier et dernier ressort dans un nombre limité de cas : essentiellement les litiges touchant les ambassadeurs et représentants des États étrangers et ceux dans lesquels un État est partie. Dans tous les autres cas, la Cour suprême est compétente en appel et/ou par voie de *writ of certiorari* (qui est un ordre de la Cour enjoignant à la juridiction inférieure de lui transmettre le dossier dans une affaire donnée, une des parties alléguant une erreur – pas nécessairement de droit – commise par la juridiction inférieure). Et dans cette seconde hypothèse, elle n'est pas obligée d'accepter de réexaminer une affaire.

Soulignons que la Cour suprême refuse d'examiner la quasi-totalité des affaires qui lui sont soumises et qu'elle n'en tranche au fond qu'environ 0,5%. En effet, alors que le nombre d'affaires envoyées à la Cour suprême croît régulièrement : 2 296 en 1960, 4 212 en 1970, 5 144 en 1980, 6 316 en 1990 et plus de 7 500 de nos jours, le nombre d'opinions rendues par la Cour est en très nette diminution : 110 en 1960, 109 en 1970, 123 en 1980, 112 en 1990 et moins d'une centaine durant les sessions 1995/1996 et 1996/1997.

L'opinion est la motivation de l'arrêt qui contient généralement un énoncé des faits, le point de droit principal et les raisons pour lesquelles celui-ci s'applique ; il faut préciser qu'une opinion est un véritable traité de droit qui peut atteindre une centaine de pages et inclut de longs développements historiques et philosophiques aussi bien que juridiques et jurisprudentiels.

On distingue plusieurs types d'opinions : la décision *per curiam* en cas d'accord des juges souligne le caractère unanime de la décision mais dénote aussi l'absence de discussion véritable. Lorsque la Cour rend une décision, celle-ci peut être accompagnée de différents types d'opinions. Il s'ajoute parfois une opinion incidente *(obiter dictum)* ; qui ne peut théoriquement servir de précédent car il n'est pas directement indispensable à la résolution du litige mais peut ultérieurement servir de base à un revirement de jurisprudence. Lorsque certains juges qui ont voté avec la majorité ne sont pas d'accord avec le raisonnement adopté par la Cour, ils rédigent alors une *concurring opinion* (opinion de concurrence explicitant leurs raisons). Les juges qui s'opposent fortement à la décision elle-même peuvent rédiger une *dissenting opinion* ou opinion de dissidence qui récapitule avec force les raisons pour lesquelles ils ne se sont pas joints à la majorité. La rédaction de ces opinions confirme que c'est bien en fonction de leurs orientations idéologiques et de leurs priorités que les *Justices* choisissent les affaires et se déterminent.

Ces opinions jouent un rôle essentiel dans la mesure où l'on est dans un système de *common law* et de respect du précédent. Selon la façon dont la décision aura été obtenue, elle aura un poids et jouira d'un prestige variables. Ainsi, paradoxalement, les opinions unanimes dans la mesure où elles ne présentent pas une argumentation poussée et même si leur poids est grand, ne contribuent guère à une meilleure compréhension des concepts et à leur évolution. Les opinions de concurrence ou de dissidence au contraire contribuent à faire évoluer le droit et peuvent servir de base à un revirement ultérieur de jurisprudence.

III. — Le rôle de la Cour suprême au fil des ans

L'histoire de la Cour suprême suit celle de son temps et est parfois profondément marquée par la personnalité ou les idées de son *Chief Justice* ; plusieurs facteurs interviennent donc : l'époque (et les théories juridiques et économiques en vigueur), la personnalité forte ou non du Président et l'attitude des *Justices*, selon qu'ils pratiquent la réserve ou au contraire l'activisme judiciaire pour maintenir le statu quo (période du pré-*New Deal*) ou au contraire faire avancer les choses (présidence Earl Warren) lorsque le Congrès et le Président ne jouent pas leur rôle. Nous allons passer brièvement en revue les périodes les plus marquantes de l'histoire de la Cour suprême afin de donner quelques repères et clefs de compréhension.

La période Marshall et après... — John Marshall est *Chief Justice* (le quatrième) de 1801 à 1836, soit une période de plus de trente ans qui englobe quatre présidents des États-Unis : Jefferson, Madison, Adams et A. Jackson. Fédéraliste dans l'âme, Marshall milite pour une lecture extensive de la Constitution et un élargissement des pouvoirs de la Cour suprême. C'est sous sa présidence que sont rendues les décisions *Marbury v. Madison* à l'origine du contrôle de constitutionnalité ainsi que *McCulloch v. Maryland* de 1819 et *Gibbons v. Ogden* de 1824 qui visent à créer un marché national, en s'appuyant l'une sur la clause des « pouvoirs (qui sont) nécessaires » pour exécuter et mettre en œuvre les pouvoirs spécifiquement prévus dans la Constitution et l'autre sur la clause du commerce qui confère au Congrès des États-Unis le pouvoir de réglementer le commerce interétatique *(interstate commerce)*.

Les objectifs de la Cour demeurent les mêmes après le départ de Marshall et schématiquement jusqu'à 1865 mais les avancées sont moins spectaculaires. Il s'agit toujours d'établir l'autorité constitutionnelle de la Cour, d'élargir les pouvoirs du gouvernement fédéral et de définir les relations entre gouvernement fédéral et gouvernement des États fédérés. En 1865, à la fin de la guerre civile, les pouvoirs de la juridiction suprême sont acceptés et reconnus, bien que des arrêts aussi désastreux que *Dred Scott v. Sandford* de 1857 (qui a conforté la ségrégation raciale en la déclarant constitutionnelle) aient non seulement accéléré le déclenchement de la guerre de Sécession mais aussi contribué à amoindrir l'autorité et le prestige de la Cour.

Reconstruction et fédéralisme. — Les années qui suivent la guerre de Sécession sont marquées par la Reconstruction et les importants changements économiques et sociaux associés au développement de l'industrie et à la montée du capitalisme. Malgré l'opposition de la Cour, celle-ci est reconnue par les républicains comme un instrument essentiel de la mise en œuvre de leur programme de protection fédérale des droits civils et politiques. Celui-ci passe par l'adoption de trois amendements constitutionnels et de lois fédérales. Le XIIIe amendement adopté en 1865 interdit l'esclavage, le XIVe (1868) rend les dispositions constitutionnelles du *Bill of Rights* applicables aux États fédérés et le XVe (1870) interdit la discrimination en matière de droit de vote. Les lois fédérales sont les *Civil Rights Acts* de 1866 et 1875. Ces textes marquent une véritable révolution puisque c'est maintenant au gouvernement fédéral (et non plus aux États) qu'il incombe de faire respecter les droits civils. Pourtant, dans *Plessy v. Ferguson* (1896), les juges ont considéré que des facilités (de transport en l'occurrence) séparées (dans le cadre de la politique de ségrégation) étaient constitutionnelles si elles étaient égales *(separate but equal doctrine)*.

Une autre tendance est liée aux importants changements économiques et sociaux associés au développement de l'industrie et à la montée du capitalisme. La période se caractérise par des transformations économiques et sociales dans l'agriculture, les transports et l'industrie, la montée des trusts et une augmentation du rôle de l'État fédéral dans la réglementation de l'économie : tarifs douaniers, système bancaire national, réglementation de la masse monétaire en circulation, subventions aux chemins de fer et aux voies navigables. L'État ne peut plus « laisser faire » et se doit d'intervenir via les réglementations (création de la première agence à pouvoir réglementaire, la *Interstate Commerce Commission* – ICC – en 1887) et par le vote de lois limitant le capitalisme sauvage ; c'est la première loi antitrust, le *Sherman Act* de 1890. Les États fédérés se trouvent confrontés au même problème et à l'obligation de réglementer, et c'est à la Cour suprême qu'il appartient de dire si telle législation ou tel règlement constitue un empiétement sur une liberté protégée ou si le gouvernement a le droit d'intervenir dans tel domaine ; elle doit aussi déterminer ce qui relève du gouvernement fédéral – qui se doit de faciliter le commerce interétatique – et de celui des États.

La période Lochner. — L'époque se caractérise par la protection des droits de propriété qu'assure la Cour contre les excès des réglementations. C'est la classique décision *Lochner v. New York* de 1905, représentative de l'attention peu favorable que la Cour porte à tout ce qui est législation économique et sociale, fédérale comme étatique, dont elle recherche et conteste la constitutionnalité. Dans *Lochner*, à une majorité de cinq voix contre quatre, elle déclare inconstitutionnelle une loi de l'État de New York limitant les horaires de travail des ouvriers de la boulangerie à dix heures par jour ou soixante heures par semaine en s'appuyant sur la clause de *due process* du XIVe amendement qui interdit à un État de priver un individu de sa vie, sa liberté et sa propriété sans une procédure régulière. La Cour privilégie la liberté (théorique) du travailleur qui peut vouloir travailler davantage et n'accorde aucun poids à la motivation des États qui cherchent à protéger les droits des travailleurs. Pour la majorité des *Justices*, ces réglementations interfèrent indûment avec le droit des individus qui ont le droit de travailler quinze heures s'ils le « souhaitent » ; et cette liberté de contracter ne doit pas être laissée à la merci de « majorités législatives ». C'est une période d'activisme judiciaire : les juges n'hésitent pas à donner la primauté à leur point de vue plutôt qu'à celui des élus du peuple. La Cour est activiste également parce qu'elle veut atteindre un objectif social ou politique et, ce faisant, accorde peu de poids aux sources du droit.

La période du *New Deal*. — La période politique du *New Deal* comprend en fait deux étapes successives si le critère choisi est l'attitude de la Cour suprême ; il faut distinguer l'avant 1937 qui est une prolongation de la période *Lochner* et l'après 1937. La politique du *New Deal* repose sur une philosophie interventionniste mise en œuvre par le président Roosevelt pour sortir les

États-Unis de la grande crise de 1929. Le Congrès vote les lois nécessaires mais celles-ci sont les unes après les autres déclarées inconstitutionnelles par la Cour, en vertu des précédents de ce que A. Cox appelle l'« ancien régime ». En d'autres termes, la Cour n'est pas prête à abandonner la philosophie *Lochner* et celle du double fédéralisme ainsi que cela apparaît dans la décision *Schechter Poultry Corp. v. United States* de 1935 (qui invalide le *National Recovery Act*). C'est ce qui explique la réaction du président Roosevelt en 1937. Il reproche à la Cour d'être restée à l'âge de la voiture à cheval et annonce son intention d'augmenter le nombre des juges siégeant à la juridiction suprême (du nombre de juges âgés de plus de soixante-dix ans et n'ayant pas pris leur retraite). Une telle réforme peut se faire par voie législative puisque le nombre des juges siégeant à la Cour n'est pas précisé dans la Constitution et si l'objectif avancé est d'alléger la lourde charge qui pèse sur la Cour, il s'agit aussi... d'injecter du sang neuf. La menace est claire : six des neuf juges ont plus de 70 ans dont les quatre membres les plus conservateurs. Pourtant, le président Roosevelt malgré sa réélection à une majorité éclatante ne peut faire passer son plan qui se heurte à l'opposition des conservateurs bien sûr mais aussi d'un progressiste comme Brandeis. L'enjeu est de taille ; c'est l'avenir de la Cour qui est en cause, son indépendance et l'essence même du constitutionnalisme américain. Pourtant le choc est salvateur.

La Cour abandonne finalement la jurisprudence *Lochner* et le fédéralisme dualiste. Grâce à une majorité libérale (c'est-à-dire interventionniste) un salaire minimum pour les femmes est déclaré constitutionnel dans l'État de Washington (*West Coast Hotel v. Parrish*, 1937). Alors que selon l'approche passée, il y a égalité entre employeur et employé, la nouvelle majorité est plus réaliste et plus proche des intérêts des travailleurs. Elle admet qu'il est nécessaire de contrebalancer la faiblesse de ceux-ci, tout particulièrement quand ce sont des femmes et donc valide les lois des États qui vont dans ce sens. Durant cette deuxième période, les juges ont une attitude de réserve judiciaire et se plient aux décisions du pouvoir législatif. L'expansion considérable du pouvoir fédéral au cours de cette période a bien été le fait et l'œuvre du Congrès et non de la Cour ; celle-ci s'est contentée en un deuxième temps d'accepter cette (r)évolution sans lui barrer la route.

La période Warren, qui va de 1954 à 1969 est une des plus connues. C'est la fin de l'attitude de réserve de la Cour et la grande période de l'activisme libéral. La Cour travaille tous azimuts : en matière de liberté d'expression et d'association politique, elle s'appuie sur la thèse des droits privilégiés et s'éloigne de ce qu'a voulu le législateur. L'interprétation du Ier amendement (liberté d'expression, de culte, de la presse) est élargie, même lorsque sont invoquées des considérations de sécurité nationale ; la Cour exige alors l'existence d'un danger clair et immédiat pour valider une réglementation privative de liberté et le passage à l'incitation active pour sanctionner un comportement.

En matière pénale, c'est le critère de l'examen attentif *(strict scrutiny)* qui prévaut afin de protéger les libertés garanties par les IVe, V^e^, VIe et VIIIe amendements (voir chap. VI) et est appliqué à la clause d'égale protection pour lutter contre la ségrégation. Les accusés voient leurs droits augmenter. *Mapp v. Ohio* (1961) précise la garantie du IVe amendement contre les perquisitions et fouilles illégales en déclarant irrecevables les preuves obtenues de façon illicite. Cette règle d'exclusion *(exclusionary rule)* a pour but de décourager les violations et d'encourager la police à respecter les garanties du IVe amendement. D'autres changements touchent à la composition du jury (*Duncan v. Louisiana,* 1968), à l'extension aux juridictions d'État des privilèges contre l'auto-incrimination *(self-incrimination)* (*Malloy v. Hogan* de 1964). Les principales avancées en matière pénale sont détaillées au chapitre VI.

L'autre grand combat mené par la Cour Warren est en faveur de l'égalité raciale. La Constitution, rappelons-le, ne contient à l'origine aucune garantie d'égalité et à l'origine des pans entiers de la population sont exclus : esclaves mais aussi noirs libres, femmes et tous ceux qui n'étaient pas propriétaires. Il faut attendre le XIVe amendement (1868) pour que l'égale protection des lois entre dans les textes et c'est sur cette clause et une lecture extensive de la clause du commerce que s'appuie la Cour. Parce que le Congrès a le pouvoir de réglementer le commerce interétatique, la Cour en déduit qu'il peut ainsi interdire la ségrégation dans les restaurants et autres lieux publics et donc lutter contre la jurisprudence Plessy. Le moment est venu de porter l'affaire devant les tribunaux avec l'aide de l'Association pour le progrès des gens de couleur (NAACP) et de l'avocat Thurgood Marshall qui deviendra le premier noir à siéger à la Cour suprême. Les chiffres sont là qui témoignent que les « facilités égales » n'existent pas dans la réalité. Dans le comté de Clarendon, les contribuables dépensent 179 $ par enfant blanc et 43 $ par enfant noir, les écoles noires sont en état déplorable et les enseignants noirs sont payés 60 % de ce que touchent leurs homologues blancs, etc. Le résultat est le revirement de la jurisprudence *Plessy* dans le fameux arrêt *Brown v. Board of Education* (1954) qui lance la déségrégation et le transport en autobus des écoliers blancs vers des écoles noires et *vice versa.* Compte tenu du retard à rattraper par les Noirs et d'autres minorités dont les femmes, l'étape suivante est la mise en place de programmes de rattrapage *(Affirmative Action)* visant à compenser les années de discrimination à l'école, comme à l'université et en matière d'emploi. Mais dès 1976 (sous la présidence Burger), ces programmes sont contestés comme effectuant une discrimination envers ceux qui n'appartiennent pas à la catégorie « minorités ». C'est la Cour qui doit trancher sur la validité de ces programmes et des quotas réservés aux minorités dans l'affaire *Regents of the University of California v. Bakke* (1978). Depuis les objectifs ont un peu évolué, tant ceux qui sont invoqués par le législateur que ceux reconnus par la Cour maintenant présidée par un conservateur et le programme est lui-même partiellement remis en cause par divers segments de la population dont certains membres des minorités.

La Cour Warren réussit aussi des avancées spectaculaires en matière politique et de découpage électoral. Dans *Baker v. Carr* (1962), la Cour s'appuie une fois de plus sur la clause de *due process* et d'égale protection pour affirmer le principe du *One man, one vote* ; le découpage électoral doit être fait en sorte que chaque électeur pèse du même poids dans la bataille électorale, sous peine de violer le XIVe amendement.

L'après Earl Warren : les présidences Burger et Rehnquist. — Succéder à Earl Warren n'est pas chose aisée et les commentateurs ont immédiatement conclu que le successeur serait conservateur ; l'étude des décisions rendues pendant la présidence Burger (1969-1986) et ensuite actuellement sous la houlette du conservateur Rehnquist (1986-1997) ne permet pourtant pas d'être aussi catégorique. Pendant un temps, la Cour Burger continue sur la lancée de la Cour Warren en matière d'avortement (*Roe v. Wade* de 1976, par exemple) et ce n'est que petit à petit que les juges suprêmes reviennent sur certains des acquis de la cour Warren, en matière d'avortement (*Planned Parenthood* de 1992) ou d'*affirmative action* (*Adarand* de 1995). Pourtant, la Cour n'est pas activement conservatrice ; il est plus exact de dire que la Cour est revenue à une attitude de réserve et a tendance à se ranger aux précédents du passé et à accorder primauté au législateur. Si révolution conservatrice il y a, c'est plutôt au niveau des cours fédérales qui siègent généralement à trois juges et dont il a été plus facile aux présidents républicains successifs (Reagan et Bush) de modifier la philosophie.

IV. — Un cas d'espèce : la peine de mort

L'exemple de la peine de mort permet de suivre les évolutions de la jurisprudence selon la coloration des membres de la Cour suprême et confirme qu'elle est bien au cœur du processus politique et judiciaire. La peine de mort aux États-Unis relève du droit des États et connaît actuellement un regain de faveur dans l'opinion publique : 56 exécutions en 1995. Les modalités varient selon les États : pendaison, électrocution (introduite en 1890 dans l'État de New York), chambre à gaz (adoptée par le Nevada en 1923), peloton d'exécution (en vigueur seulement dans l'Utah) et injection d'une drogue mortelle (Oklahoma depuis 1977).

Comme dans tous les problèmes politiques ou sociaux sensibles, la Cour suprême a un rôle à jouer en tant que recours ultime des parties (via la procédure d'Habeas Corpus) et garant des droits constitutionnels ; et selon la coloration politique ou philosophique de la Cour, celle-ci limite au maximum l'application de la peine de mort ou au contraire facilite son application. Cette différence apparaît clairement si l'on compare la fameuse décision *Furman v. Georgia* de 1972 avec les positions actuelles de la Cour Rehnquist. En 1972, les juges suprêmes déclarent inconstitutionnelles pratiquement toutes les lois des États, ce qui conduit 38 d'entre eux à réviser leur législation. Mais dès 1976, la Cour Burger revient sur cette décision, admettant que la peine de mort est « différente » et laissant donc une certaine latitude aux États sur lesquels pèse néanmoins l'obligation d'exercer un strict contrôle *(care, review and scrutiny)* plus approfondi que celui qui prévalait avant la décision de 1972. Cette norme imposée par la Cour a permis aux juridictions fédérales d'appel d'infirmer 70 condamnations à mort entre 1976 et 1982, en se fondant sur la violation de droits constitutionnellement protégés des condamnés et seules six exécutions ont lieu durant cette période, dont quatre condamnés qui refusaient tout recours et voulaient en finir avec la vie.

Le nombre élevé des recours illustre l'incapacité des États à respecter ces garanties constitutionnelles et le transfert de responsabilité vers les cours fédérales de plus en plus surchargées. La Cour suprême prend alors le parti de limiter les recours possibles par le biais de l'Habeas Corpus (avec pour résultat immédiat 21 exécutions en 1984) et cette tendance se poursuit aujourd'hui par voie législative (c'est en effet une majorité républicaine qui vote le *Crime Bill* de 1995 restreignant encore les voies de recours des condamnés à mort) et judiciaire. La Cour suprême de son côté continue de faciliter les condamnations à mort et les exécutions en 1991 *(Payne v. Tennessee)* et en 1993 *(Herrera v. Collins)* ; actuellement plus de 30 000 condamnés attendent d'être exécutés (dont 450 au Texas), dont des handicapés mentaux et des mineurs de 16 ans, puisque la Cour a donné le feu vert dans ces domaines également. En mai 1997, elle est allée un cran plus loin en confirmant la validité d'une condamnation à mort fondée sur des éléments que les jurés n'auraient pas dû prendre en compte. Ils avaient en effet estimé que le crime commis par Cary Lambrix en 1984 l'avait été avec des circonstances aggravantes car il était particulièrement atroce et cruel (*heinous, atrocious and crual,* c'est le test HAC). Or, la Cour suprême a conclu en 1992 à l'inconstitutionnalité de ce test HAC qui est trop vague. Mais cette décision n'a pas pu s'appliquer rétroactivement à une affaire dans laquelle toutes les voies de recours avaient été épuisées, et donc elle ne s'est pas appliquée à Cary Lambrix.

En conclusion, la Cour suprême est un pivot incontournable de l'équilibre constitutionnel et judiciaire des États-Unis. Armée du pouvoir de contrôle de constitutionnalité, elle n'en a pas abusé ; de même, elle a accepté la règle du précédent et n'a renversé des décisions antérieures que dans 300 cas environ. Les juges ont dans l'ensemble accepté de reconnaître qu'ils ne sont pas infaillibles et que la règle doit évoluer en fonction des changements économiques, technologiques et sociaux. Certes les tenants de l'intention des Pères Fondateurs continuent de soutenir que les juges sont liés par le texte de la Constitution et l'intention de ses rédacteurs ou du législateur ; mais leurs adversaires affirment qu'il faut faire entrer dans la Constitution les conceptions modernes de la justice pour y lire non ce que dit la Constitution mais ce qu'elle « devrait » dire. Ajoutons que si la Cour a pu jouer un rôle essentiel dans l'adaptation de la Constitution aux diverses évolutions, c'est parce que celle-ci a sciemment été rédigée en termes volontairement vagues afin que des questions inenvisageables par les *Founding Fathers* se voient néanmoins apporter une solution, du transport aérien à Internet en passant par l'avortement ou la procréation assistée. Tocqueville l'avait souligné : « Sans eux (les juges de la Cour suprême), la Constitution est une œuvre morte » et John Marshall dans l'arrêt *McCulloch v. Maryland* de 1819 confirme ce point de vue : « La Constitution a été écrite pour durer à travers les âges et, en conséquence pour être adaptée aux diverses crises des affaires humaines. »

Chapitre III

L'ORGANISATION JUDICIAIRE AUX ÉTATS-UNIS

Le système judiciaire des États-Unis se caractérise comme étant « un système judiciaire dualiste » composé d'une organisation judiciaire fédérale et de 50 systèmes étatiques (v. schéma). Mais en réalité, le système judiciaire est plus complexe parce que chaque État, chaque comté a son propre système de justice qui varie en fonction de sa taille, de l'environnement social et des ressources existantes. Fort heureusement, ces différentes organisations judiciaires ont des points communs : une même hiérarchie des juridictions et une similitude des règles de procédure. Ainsi, les Règles fédérales de procédure civile (*Federal Rules of Civil Procedure,* FRCP) déterminent la procédure utilisée par l'ensemble des tribunaux fédéraux sur tout le territoire des États-Unis. Et de nombreux États ont calqué leur règles de procédure internes sur les *Federal Rules of Civil Procedure.*

Soulignons d'emblée qu'une partie importante du contentieux ne vient jamais en jugement, devant les tribunaux des États ou les juridictions fédérales, car les transactions sont nombreuses en matière civile comme pénale. Les différends peuvent aussi être tranchés par *mini-trial* ou arbitrage, dans le cadre des procédures « de rechange » (*Alternative Dispute Resolution* ou ADR) ou encore par les « tribunaux administratifs », c'est-à-dire par la branche juridictionnelle des nombreuses agences administratives qui existent tant au plan fédéral qu'étatique et jouissent de pou-

L'organisation judiciaire aux États-Unis

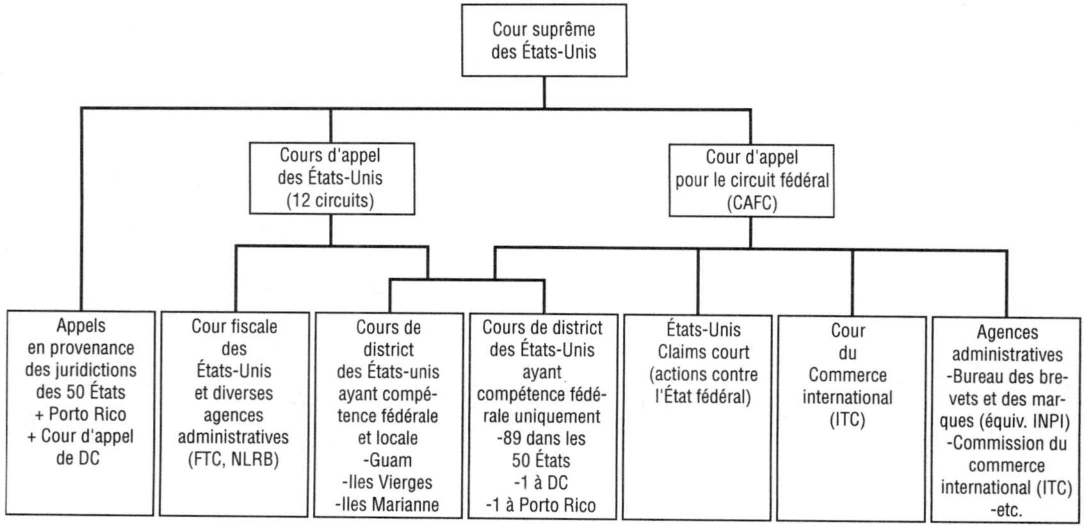

voirs réglementaires et quasi judiciaires. Malgré les différences entre les règles de procédure utilisées devant les instances administratives et les procédures judiciaires (par exemple la preuve par ouï-dire est admise dans les procédures administratives, pas dans les procédures judiciaires), la philosophie dominante est la même, caractérisée par le caractère contractuel (moins de règles impératives qu'en France) et la procédure accusatoire et contradictoire. Les acteurs disposent donc d'une marge de manœuvre et de négociation dont l'exemple le plus connu est le *plea bargaining* en matière pénale. Mais la transaction est omniprésente en matière civile aussi et pratiquée également par toutes les agences qui préfèrent transiger plutôt que sanctionner afin de s'assurer la coopération de la personne poursuivie.

I. — L'organisation judiciaire fédérale

L'existence d'un pouvoir judiciaire fédéral est prévue dans la Constitution des États-Unis (art. III) qui dispose que « le pouvoir judiciaire des États-Unis appartiendra à une Cour suprême et aux juridictions inférieures que le Congrès jugera bon de créer ». La loi suprême détermine aussi les grands principes qui sous-tendent l'organisation judiciaire : indépendance du judiciaire garantie par la séparation des pouvoirs atténuée par le système de freins et contrepoids *(checks and balances)*, indépendance des juges fédéraux nommés à vie par le Président avec l'approbation du Sénat et ne pouvant voir leur salaire diminuer (art. III, sect. 1). D'autres principes contenus dans la Déclaration des droits, dix premiers amendements à la Constitution adoptés en 1791 *(Bill of Rights)*, précisent les garanties dont jouissent les justiciables. Au sommet de la hiérarchie fédérale et de celle des États, on trouve une Cour suprême. La Cour suprême des États-Unis est compétente en premier ressort pour certaines affaires et en appel pour les autres (v. chap. II). Notons l'importance du ministère de la Justice, organe essentiel chargé de l'exécution des lois d'intérêt public et de la protection de la société. Il lui incombe de représenter le gouvernement des États-Unis devant la Cour suprême, de préparer avis et consultations pour le Président et le Cabinet mais il est aussi considéré comme le « conseil juridique » du citoyen américain.

Le système fédéral est composé de tribunaux d'origines diverses. Certains trouvent leur origine dans des lois votées par le Congrès ; ce sont les *legislative courts,* comme par exemple la *United States Tax Court*, chargée du contentieux fiscal. D'autres ont été crées en vertu de l'article III de la Constitution ; ce sont les *constitutional courts* dont font partie les principaux tribunaux du système fédéral. Les États-Unis sont divisés en onze circonscriptions territoriales, les *circuits* auxquelles s'ajoute le district de Columbia. Le terme « circuit » remonte à l'époque où des juges itinérants se déplaçaient au sein d'un circuit et selon un itinéraire précis. Chaque ressort de taille extrêmement variable, comprend des tribunaux compétents en premier ressort, les *district courts* et des juridictions d'appel, les *Circuit courts of Appeals.* Dans les agglomérations très peuplées, ces « arrondissements » sont eux-mêmes subdivisés. Ainsi, le tribunal fédéral d'arrondissement, *federal District court*, de Manhattan est situé dans le district sud de New York qui se trouve dans le deuxième ressort ou circonscription territoriale. L'Alaska et Hawaï font partie du 9e circuit qui comprend également la Californie et plusieurs États de l'Ouest américain ; Porto Rico, quant à lui fait partie du 1er circuit. Les 94 cours de district traitent la quasi-totalité du contentieux privé et répressif ainsi que des litiges qui relèvent en France des tribunaux administratifs. 20 % de leurs jugements font l'objet d'un appel et 5 % sont amendés par la juridiction supérieure (Rowland, 1991).

1. **Les juridictions fédérales de première instance.**

A) *Les juridictions fédérales de droit commun.* — Les cours de district sont au nombre de 94 dont 89 dans les 50 États auxquelles il faut ajouter celle (très active) du district de Columbia, une pour Porto Rico, une pour Guam, une pour les îles Vierges et une pour les îles Marianne. Elles n'ont pas toutes le même statut ni la même compétence. Les cours de district de Porto Rico et de Washington DC, comme les 89 cours de district, ont été créés en vertu de l'article III de la Constitution et sont composées de juges nommés à vie ; ce sont des cours « constitutionnelles ». Au contraire, les cours créées dans les territoires sont des cours « législatives », c'est-à-dire créées par le Congrès en vertu de son autorité sur les territoires. Et alors que les 91 cours constitutionnelles sont compétentes uniquement pour les affaires fédérales, et en vertu du chef de diversité de citoyenneté *(diversity of citizenship)*, les trois cours législatives ont une double compétence : elles peuvent entendre les affaires locales *et* celles qui mettent en jeu le gouvernement fédéral. Et leurs juges sont nommés pour dix ans, pas à vie.

B) *Les tribunaux spécialisés ou juridictions fédérales d'exception.* — A côté des juridictions de droit commun que sont les *district courts,* on trouve des juridictions spécialisées :

• La *US Court of International Trade* qui succède à l'*US Customs Court*, est une juridiction d'exception compétente pour statuer sur toutes les questions de commerce international et de droits de douane. Les appels de ses décisions sont portés devant la CAFC.

• La *US Claims Court* remplace la division de première instance de l'*US Court of Claims*. Elle est souvent qualifiée de « gardienne de la conscience de la nation » parce que c'est devant elle que particuliers et personnes morales peuvent intenter une action en dommages et intérêts contre l'État fédéral, qui n'a que depuis peu renoncé à son immunité de juridiction. Les étrangers et gouvernements étrangers peuvent aussi faire appel à cette juridiction s'il y a réciprocité, et donc s'il existe pour les ressortissants américains la possibilité d'intenter une action contre le gouvernement étranger en question.

• La cour fiscale des États-Unis *(US Tax Court)* créée par le Congrès en vertu de l'article I de la Constitution, faisait initialement partie de la branche exécutive et a changé de nom plusieurs fois : *US Board of*

Tax Appeals en 1924 lors de sa création, *Tax Court of the United States* en 1942, puis *US Tax Court* en 1969. Ses 19 juges sont nommés par le Président pour quinze ans et peuvent siéger dans 90 villes des États-Unis. Sont de son ressort toutes les poursuites intentées par le fisc *(Internal Revenue Service* ou *IRS*) contre les contribuables n'ayant pas acquitté la totalité de leurs impôts – sur le revenu, foncier ou sur les donations. Ses décisions peuvent faire l'objet d'un appel devant une cour d'appel de circuit et le cas échéant devant la Cour suprême par voie de *writ of certiorari.*

— *Les bankrupcy courts :* à l'origine, en vertu du système fédéral, le droit de la « faillite » ou des entreprises en difficulté relève du droit de chacun des États fédérés. Selon ces règles, le premier créancier qui saisit les biens du débiteur l'emporte sur les autres ; en d'autres termes, priorité est donnée aux premiers arrivants en vertu de la règle *first come, first served,* ce qui a tendance à inciter les créanciers à anticiper et à réclamer, plus tôt que la situation ne le justifie, l'application de la procédure en recouvrement collectif. C'est pour remédier à cette « course au prétoire » qu'a été adoptée une loi fédérale sur la « faillite ». En vertu de l'article I de la Constitution (art. I, § 8, clause 4), le Congrès des États-Unis a le pouvoir de légiférer en matière de procédures collectives, ce qu'il a fait pour la première fois en 1898 et plus récemment en 1978. C'est le Code de la faillite *(US Bankruptcy Code)* qui a mis en place un réseau de tribunaux spécialisés en droit des procédures collectives et présidés par un *Bankruptcy Judge.*

C) *Les agences administratives.* — On peut considérer que les agences administratives *(regulatory agencies)* font partie de l'organisation judiciaire au sens large dans la mesure où elles exercent des prérogatives de trois ordres (d'information et de surveillance, réglementaires mais aussi quasi judiciaires) et où leurs décisions sont soumises au contrôle des juridictions supérieures. Depuis la création de la première commission en 1887 *(Interstate Commerce Commission* ou *ICC)*, le Congrès a établi de nombreux autres organes qui ont pour mission de réglementer la pollution de l'atmosphère et de l'eau *(Environmental Protection Agency, EPA)*, la sécurité des produits *(Consumer Product Safety Commission, CSPC)*, la sécurité des travailleurs et l'emploi des minorités, pour n'en citer que quelques-unes.

Ces agences portent des noms divers, agence, commission ou *Board*; elles sont spécialisées dans un domaine et ont été créées afin de remplir une mission qui a pu varier selon les époques. Au cours des quarante années qui suivirent la création de l'ICC, le but recherché fut de protéger la libre entreprise et la concurrence contre les agissements des monopoles et contre les pratiques déloyales, d'où la création de la *Federal Trade Commission* (FTC). Puis il y eut la période *New Deal* à laquelle on doit la création en 1934 de la *Securities and Exchange Commission – SEC*, homologue antérieur et plus puissant de la Commission des Opérations de Bourse, du *Civil Aeronautics Board* (CAB) en 1938, de la *Federal Communications Commission* (FCC) en 1934. Ces agences sont chargées de réglementer un aspect de la vie économique (valeurs boursières, aéronautique civile, médias et attribution des fréquences). Puis au cours des années 1970, l'accent est mis sur les réformes sociales et la protection de certains intérêts ou secteurs primordiaux : environnement (EPA), égalité devant l'emploi *(Equal Employment Opportunity Commission, EEOC)*.

Les réglementations de ces agences ont force de loi et leur fonctionnement est régi par le droit « administratif» qui n'a que peu de rapport avec son homologue français sous-tendu par la dualité de juridiction et les pouvoirs exorbitants de la puissance publique.

2. **Les cours d'appel.** — Les 13 cours d'appel *Circuit courts of Appeals,* sont compétentes en appel pour les jugements rendus par les tribunaux fédéraux en première instance, et pour les décisions de la Cour fiscale *(US Tax Court)* et des diverses agences administratives, mais uniquement pour les erreurs de droit, c'est-à-dire pour mauvaise application de la loi. La cour d'appel pour le circuit fédéral (CAFC) créée en 1982 par une loi fédérale, vise à améliorer le fonctionnement des juridictions fédérales. La CAFC résulte de la fusion de deux juridictions existant auparavant : la *US Court of*

Customs and Patent Appeals et la division d'appel de la *US Court of Claims*, compétente pour les actions intentées contre le gouvernement des États-Unis. La compétence de la CAFC n'est pas limitée territorialement à un « circuit », comme c'est le cas pour les Cours d'appel mais s'étend à la totalité du territoire ; en revanche, elle n'est compétente que pour les affaires de commerce international, les contrats signés avec le gouvernement fédéral, les brevets et le personnel employé par le gouvernement fédéral. Elle entend les appels interjetés contre les décisions rendues par la *US Court of International Trade*, la *US Claims Court*, les cours de district (en matière de brevet et de *Tucker Act*), les tribunaux du PTA *(Patent and Trademark Office)*, la *US International Trade Commission*, et le *Merit System Protection Board* (Bureau de protection de l'avancement en fonction du mérite). En raison de son ressort national, la CAFC est en mesure d'appliquer et d'interpréter de manière uniforme les textes qui relèvent de sa compétence. La CAFC applique les mêmes règles fédérales de procédure *(Federal Rules of Appellate Procedure, FRAP)* que les cours d'appel, ainsi que d'autres qui lui sont propres.

Les cours d'appel reçoivent près de 35 000 affaires par an auxquelles il faut ajouter celles qui relèvent de la cour d'appel pour le circuit fédéral (CAFC). Étant donné que la Cour suprême ne juge qu'un faible pourcentage des affaires qui parviennent jusqu'à elle, les cours de circuit sont souvent considérées comme juridictions de dernier ressort.

II. — L'organisation judiciaire dans les États

A côté de l'organisation judiciaire fédérale simple et uniforme, chacun des 50 États a sa propre organisation judiciaire, tout comme il a son propre droit qui régit famille, sociétés, contrats et tout ce qui ne relève pas du droit fédéral. Cette coexistence est le reflet de la répartition des compétences entre pouvoir fédéral et États et résulte en une « mosaïque » de systèmes différents. Elle est néanmoins sous-tendue par des points communs et de grands principes dans pratiquement tous les États : identité de la hiérarchie judiciaire à trois niveaux, principe de la juridiction unique, déroulement de l'instance et règles de procédure.

Il faut être bien conscient que la très grande majorité des affaires sont portées devant les juridictions d'État (90 % contre 10 % pour les juridictions fédérales) et que la compétence des juridictions fédérales est l'exception plutôt que la règle. Le principe est que les tribunaux d'État sont compétents sauf quand les tribunaux fédéraux ont compétence exclusive.

A quelques exceptions près, les États suivent le principe de la juridiction unique même si la majorité fait la distinction entre juridictions de droit commun *(courts of general jurisdiction)* et juridictions d'exception *(courts of limited jurisdiction)* en première instance. Les tribunaux de premier degré, comme les cours fédérales d'instance, siègent à juge unique ; ce sont les *trial courts* qui peuvent porter des noms variés : *district court*, *circuit court* (d'où risques de confusion avec les juridictions fédérales), *court of common pleas* ou même *superior court* en Californie et *Supreme court* dans l'État de New York – et qui font le gros du travail. Ces tribunaux de droit commun jouissent de la plénitude de juridiction tant au civil qu'au pénal. A un niveau inférieur à ces juridictions de droit commun existent, à côté des juges de paix, des tribunaux à compétence d'attribution : *petty trial courts*, *small claims courts*, *magistrate courts* (proches du tribunal d'instance), *traffic courts* (proches du tribunal de police), dont la compétence tient à la nature de l'affaire et au montant du litige en jeu. Malgré le grand nombre de tribunaux, il n'existe pas aux États-Unis une spécialisation poussée des juridictions comme il en existe en France.

Les États ont aussi des cours d'appel et une juridiction suprême qui s'appelle généralement Cour suprême (c'est le cas en Californie et en Louisiane) mais qui porte le nom de *Judicial supreme court* dans le Massachussets et de *Court of Appeals* dans l'État de New York, ce qui peut d'autant plus prêter à confusion qu'il existe bien des « cours suprêmes » mais compétentes en première instance en matière civile et pénale. Le Texas et l'Oklaoma ont deux cours suprêmes, une civile et une pénale. Le plus souvent les juges suprêmes, à l'instar de la Cour suprême des États-Unis, disposent du pouvoir discrétionnaire de choisir les affaires à examiner et les pourvois acceptés ne sont donc pas nombreux. En raison des barrages nombreux qui limitent les possibilités de pourvoi devant les cours suprêmes, la grande majorité des affaires est tranchée en deuxième et dernier ressort par les cours d'appel qui jouent donc un rôle extrêmement important. La partie qui a perdu peut toujours porter l'affaire devant la Cour suprême des États-Unis mais celle-ci n'accepte qu'environ 2 % de ces pourvois.

Cette situation est le produit de l'évolution historique : à l'origine la plupart des systèmes judiciaires ne prévoyaient que deux niveaux de juridiction, les décisions de première instance ne pouvant être contestées que devant la Cour suprême. C'est donc pour désengorger celle-ci que les cours d'appel intermédiaires ont peu à peu été créées au cours du XIXe siècle dans les différents États. D'un autre côté, les décisions, certes peu nombreuses, rendues par les Cours suprêmes des États pèsent d'un poids important puisqu'en l'absence de renvoi (comme dans le mécanisme de la cassation en France), les arrêts rendus prennent un caractère définitif et s'imposent directement aux parties à l'instance. Et en vertu de la règle du *stare decisis*, les principes juridiques énoncés dans l'exposé des motifs constituent des précédents qui, ayant valeur normative, lient les juridictions inférieures.

En conclusion de ce rapide panorama, il est important de noter que le contentieux américain n'est pas jugé en totalité par les tribunaux fédéraux ni par les tribunaux d'État. De nombreux litiges sont maintenant jugés par des « tribunaux administratifs » (c'est-à-dire les instances à pouvoir quasi judiciaire des agences réglementaires proches des agences administratives indépendantes françaises) tant au niveau fédéral qu'au niveau des États, avec des règles de procédure très souvent différentes de celles utilisées dans les procédures judiciaires. De plus, il faut souligner le recours à l'arbitrage et aux modes extrajudiciaires de résolution des litiges. En 1982, le Chief Justice Warren Burger soulignait que les motifs de préoccupation touchant aux dysfonctionnements du système judiciaire, loin de disparaître, ne faisaient que croître depuis 1906. Malgré l'adoption des Règles de procédure en 1938 qui introduisent l'investigation de la cause *(discovery)* et mettent fin au système du « procès-loterie » (*trial by ambush),* la justice est toujours aussi lente, chère et encombrée (v. chap. VII). C'est ce qui explique le développement depuis une dizaine d'années des *Modes of Alternative Dispute Resolution (ADR)* ou mode (extrajudiciaire) de règlement des litiges et leur vogue croissante en particulier pour les litiges entre entreprises. Les ADR ne sont pas, comme on a pu le craindre, une justice au rabais ou de deuxième ordre (v. chap. IV).

III. — Les règles de compétence

La compétence *(jurisdiction)* peut être définie comme le pouvoir qu'a une juridiction de se prononcer sur une affaire. En France, les règles de compétence d'attribution *(ratione materiae*) et territoriale *(ratione loci)* s'appliquent avec prévisibilité. Aux États-Unis, la difficulté (accrue du fait de la multiplication et de la diversité des organisations judiciaires) est due à l'approche différente de la notion de compétence et à la façon dont s'appliquent les règles de *venue* – proche de la notion de compétence territoriale Les principes qui régissent la compétence des tribunaux fédéraux sont posés par la Constitution des États-Unis et sont développés par la jurisprudence et les textes fédéraux. Les principes qui gouvernent la compétence des tribunaux étatiques sont posés par la Constitution des États-Unis et par celles des États respectifs ; puis ils sont développés par la jurisprudence et les textes étatiques. Un tribunal fédéral ou étatique peut juger une affaire si quatre conditions sont remplies : il doit avoir compétence au fond, compétence quant à la personne ou à ses biens, être territorialement compétent et les parties au litiges doivent être susceptibles de comparaître.

Les États ont récemment étendu leur compétence par le recours aux *long arm-statutes* ou lois à vocation extraterritoriale. Les règles dans l'État de New York prévoient qu'un tribunal peut exercer sa compétence sur une personne :

— si elle fait des affaires ou exécute des contrats de fourniture de biens ou de services dans cet État ;
— si elle commet un délit dans cet État ;
— si elle commet un délit au-delà des limites de l'État mais dont les effets peuvent se faire sentir dans l'État de New York.

La compétence *in personam* sur les personnes morales est l'un des aspects les plus complexes de la compétence personnelle et peut présenter de graves dangers pour une société française dont la filiale est immatriculée *(incorporated)* dans l'un des cinquante États ou dont les produits sont commercialisés dans l'État, si la victime d'un accident (causé par un produit de l'entreprise) intente une action en responsabilité du fait des produits. Dans le système judiciaire fédéral, une société est soumise à la juridiction de l'État dans lequel elle a été « incorporée » ainsi qu'à celle de l'État où se trouve son siège social. Dans la réalité, les choses sont moins simples et une société française peut se retrouver assignée devant un tribunal américain même si elle n'a pas de présence juridique sur le territoire américain.

Si la compétence personnelle fonctionne de façon similaire dans les deux systèmes, la compétence matérielle est différente dans le système judiciaire fédéral et dans le système étatique. La Constitution des États-Unis limite la compétence matérielle des tribunaux fédéraux dans le double but de réduire le nombre des affaires dont ils ont à connaître et d'assurer l'indépendance des tribunaux étatiques.

C'est la Constitution des États-Unis qui définit la compétence des tribunaux fédéraux en ce qui concerne l'objet du litige ; ceux-ci sont compétents si :

— les parties au litige sont des citoyens d'États fédérés différents ou sont citoyens étrangers ; c'est ce qu'on appelle la diversité de citoyenneté *(diversity of citizenship)* ; pour qu'il soit possible d'invoquer ce chef de compétence. l'objet du litige doit être supérieur à une somme qui à l'origine avait été fixée à

500 $, puis a été portée à 10 000 $ et qui est maintenant de 50 000 $. Mais les tribunaux fédéraux n'ont pas compétence exclusive ; il s'agit d'un cas de compétence conjointe ;

— la question soulevée dans l'affaire est une question relative au droit fédéral ou à la Constitution des États-Unis ; il s'agit d'une *federal question* comme les brevets ou les procédures collectives et dans ces cas les juridictions fédérales ont compétence exclusive.

Le point de rencontre entre le système judiciaire fédéral et le système judiciaire étatique est connu sous le nom de conflit de lois vertical *(vertical conflict of law)*. Dans certaines matières, comme le droit maritime, les tribunaux fédéraux ont une compétence exclusive. Cependant, la plupart des affaires jugées par un tribunal fédéral peuvent être jugées par les tribunaux des États. De plus, en vertu de la doctrine de *pendent jurisdiction*, quand une action dûment portée devant un tribunal fédéral soulève une question relevant de la compétence d'un tribunal d'État, le tribunal fédéral est autorisé à exercer sa compétence en la matière. De même, d'après la doctrine de la compétence accessoire, un tribunal fédéral qui est compétent pour instruire une affaire dûment présentée devant lui peut aussi exercer sa compétence sur toute autre cause d'action présentée par d'autres parties impliquées dans l'affaire, même si ces actions présentées séparément ne relèvent pas de la compétence matérielle d'un tribunal fédéral. Enfin, toute affaire portée devant un tribunal d'État peut être renvoyée, sur demande du défendeur, devant un tribunal fédéral si à l'origine cette action relevait de la compétence du tribunal fédéral.

Une fois réglée la première question de compétence (tribunaux fédéraux ou d'État), puis la seconde (quel tribunal au sein du système), reste à savoir quel est le tribunal territorialement compétent pour connaître de cette affaire. Les règles de compétence territoriale sont énoncées dans les lois fédérales et étatiques de *venue* et il est fréquent que plusieurs juridictions soient territorialement compétentes pour la même affaire. Avant d'intenter son action en justice, le demandeur doit donc, assisté de son avocat, s'efforcer de choisir le tribunal devant lequel il souhaite que l'affaire soit jugée. Comme il dispose souvent d'un certain choix, cela peut donner lieu à la pratique du *forum shopping,* ou recherche du tribunal qui a le plus de chances d'être favorable à sa thèse. Dans le cas où tribunaux fédéraux et d'État sont tous deux compétents, il faut décider devant lequel porter l'affaire. Ce choix dépend des règles de procédure respectives, des réparations susceptibles d'être accordées par le tribunal fédéral et des pratiques locales qui peuvent jouer en faveur ou défaveur du demandeur. Cependant, en vertu de la doctrine de *forum non conveniens,* si certaines affaires peuvent être portées devant la juridiction territorialement compétente qui n'est pas la plus appropriée pour connaître du litige, le juge peut refuser d'entendre une affaire.

Chapitre IV

LE DÉROULEMENT DU PROCÈS

Pour qu'il y ait procès, il faut qu'existe un litige en cours et que le demandeur ait qualité pour agir et introduire l'action en justice ; celui-ci peut n'avoir subi qu'un préjudice minime mais agir dans l'intérêt de toute une catégorie de justiciables placés dans la même situation, ce sont les *class actions* (v. plus loin).

Le déroulement du procès se décompose en deux phases assez nettement distinctes : le débat suit la phase préparatoire qui est considérée comme la pierre angulaire du procès. Dans le contentieux privé, elle se caractérise par une *discovery* ou investigation de la cause très large qui force les parties à s'échanger préalablement les informations, pièces et moyens de preuve qu'elles vont porter au débat, afin d'éviter les effets de surprise et de permettre une meilleure préparation du procès proprement dit et de laisser le cas échéant aux parties la possibilité de transiger. Généralement, les accords négociés ne requièrent pas l'autorisation du juge et donc ce mécanisme constitue un filtre assez efficace pour décourager les procédures abusives et contribuer à désengorger les tribunaux.

I. — **La phase de « discovery » ou investigation de la cause**

La phase de *discovery* ou investigation de la cause a pour objet de permettre à chacun des camps de prendre connaissance des faits sur lesquels repose la demande de l'adversaire, de l'identité des témoins et du type de preuves qui seront utilisées. Parce que le système américain laisse l'initiative aux parties, ce sont elles qui jouent un rôle clé et non le juge qui est doté de prérogatives moins importantes que le juge français de la mise en état. Ce sont les parties qui interrogent les témoins, les présentent à l'audience et ont le droit de les « préparer » aux questions qui leur seront posées. Elles n'ont besoin du juge que dans des circonstances bien précises (Rule 28 (*b*), FRCP).

La procédure de *discovery* ne fait partie intégrante du processus judiciaire fédéral que depuis l'adoption en 1938 par la Cour suprême des *Federal Rules of Civil Procedure* (FRCP), puis l'adoption de règles similaires dans les différents États. Avant cette date, il n'existait aucune procédure de *discovery* en *common law,* et même en *Equity* elle était limitée, n'était jamais accordée de droit aux parties et restait à la discrétion du tribunal. L'inconvénient était que les parties et leur avocats ne connaissaient pas les faits et que le procès ressemblait à un jeu de colin-maillard ou à un *trial by ambush,* l'élément de surprise et les faits et témoins dévoilés au dernier moment étant considérés comme tactique légitime. Cette procédure (de *discovery*) qui veut garantir davantage d'égalité et de justice entre les parties, peut aussi contribuer à abréger un procès en permettant l'élimination de certains points qui ne sont pas véritablement contestés. Dans d'autres cas, la connaissance d'un bon dossier chez l'adversaire peut inciter à transiger.

Le cœur de la règle de *discovery* est la règle 26 des FRCP qui prévoit que les parties peuvent obtenir communication *(discovery)* concernant tout sujet non privilégié en rapport avec l'action intentée, y compris l'existence, la description, la nature, le lieu de certains livres, documents ou biens immobiliers ainsi que l'identité et le domicile de personnes ayant connaissance d'une matière susceptible d'être communiquée *(discoverable)*. Le fait que l'information demandée ne soit pas recevable *(not admissible)* en tant que preuve ne constitue pas un motif valable de refus dès lors que l'information recherchée apparaît comme « raisonnablement » à même de mener à la découverte de preuves recevables (FRCP 26 (*b*)).

Le champ de la *discovery* est vaste puisqu'il inclut pratiquement tout élément pertinent et ne se limite pas aux preuves recevables, quoique des limitations existent qui touchent essentiellement aux sujets protégés par un des traditionnels privilèges reconnus par le droit de la preuve et découlant d'un lien couvert par le secret professionnel – comme celui qui peut exister entre un client et son avocat, un médecin et son patient. Une seconde limitation tient à l'exclusion de tout élément susceptible de mettre en danger la sécurité nationale ou de divulguer des secrets militaires *(Machin v. Zuckert)*. La troisième limitation fait appel à la notion de produit du travail *(work-product)*, énoncée la première fois par la Cour suprême dans l'affaire *Hickman v. Taylor* et reprise dans la plupart des États. Il s'agissait de savoir si les renseignements recueillis au cours de conversations et entretiens et les documents écrits rédigés par les avocats de la défense devaient être communiqués aux demandeurs ou s'ils étaient protégés par la relation avocats-client. La Cour suprême répondit qu'ils ne constituaient pas des informations *privileged* puisque obtenues de tierces personnes et non du client, mais qu'ils devaient être protégés parce que résultant d'un travail de l'avocat et, en tant que tel, protégé par un quasi-privilège.

La procédure de *discovery* peut se faire par déposition ou interrogatoire. Une déposition est une déclaration sous serment prise en dehors du tribunal qui pourra être utilisée par la suite au cours du procès ou pendant la préparation du procès. Selon les lois et les règlements de procédure applicables actuellement dans la plupart des États, toute partie à une procédure civile (demandeur ou défendeur) peut prendre la déposition de l'autre partie ou de tout témoin. La prise de déposition est souvent nécessaire au cas où un témoin important ne peut pas comparaître devant le tribunal ou si un témoin réside dans un autre État. La déposition consiste en des réponses à des questions écrites ou à un interrogatoire oral suivi d'un contre-interrogatoire. Si un témoin est absent lors d'un procès ou s'il ne peut comparaître, le texte de sa déposition peut être utilisé comme preuve.

Outre la prise de dépositions, chaque partie au litige peut soumettre à l'autre partie des questions écrites appelées *interrogatories* et demander qu'il y soit répondu sous serment. Parmi les autres formes de *discovery*, il est possible de demander à la partie adverse de produire ses livres de comptes, dossiers ou documents afin que l'autre partie puisse les examiner, de se soumettre à un examen physique ou encore d'admettre ou de nier l'authenticité de certains documents.

II. — Les grandes étapes du procès

La première étape comprend la demande et l'assignation, qui doit être notifiée au défendeur et le place sous la juridiction du tribunal ; elle procure au défendeur un juste préavis et l'opportunité d'être entendu exigés par la règle du *due process* énoncée dans le XIVe amendement à la Constitution. Les règles régissant les différentes modalités d'assignations sont déterminées par les règles de procédure de chaque État et par les Règles fédérales de procédure civile (FRCP) au plan fédéral. L'assignation fixe le jour et l'heure de la comparution.

Le défendeur doit commencer sa défense en déposant certaines requêtes. La forme et le nom de ces requêtes diffèrent selon qu'il s'agit d'un tribunal d'État ou fédéral mais le contenu est similaire. Certaines sont des actes de procédure ; d'autres impliquent des questions de fond : requête au demandeur de définir de façon plus cohérente les faits, les causes de son action et les réparations réclamées afin que le défendeur puisse répondre. La réponse peut aussi être une demande reconventionnelle. On appelle *pleadings* les *complaints* et *answers* mais ce ne sont pas exactement les « conclusions » françaises.

L'audience préliminaire. — De nombreux tribunaux proposent lorsque toutes les conclusions des parties sont déposées et que l'affaire est en état, que l'affaire soit entendue devant le juge avant le procès. Lors de cette audience préliminaire, les avocats des parties comparaissent seuls devant le juge et recherchent un accord sur les faits qui ne sont pas contestés. Cet accord connu sous le nom de *stipulation*, peut porter sur des points de fait tels que le lieu et l'heure d'un accident, l'utilisation de photos et aussi sur des questions de droit. Cette audience préliminaire a pour objet de réduire la durée du procès sans affecter les droits des parties et débouche souvent sur un règlement amiable de l'affaire. Dans le cas contraire, le tribunal fixe la date d'audience.

III. — **Le rôle des preuves et des témoins**

Le demandeur (particulier dans une procédure civile et État dans une procédure pénale) débute l'introduction de ses preuves par la présentation des témoins. Un témoin peut attester un fait, expliquer ce qu'il a vu ou entendu, il peut aussi identifier le prévenu, un document, une photo ou une autre pièce à conviction présentée au cours du procès. Mais il ne peut donner son opinion, son impression et ne peut tirer de conclusions sauf s'il s'agit d'un expert. Dans ce cas, celui-ci peut être autorisé à donner son avis, par exemple, sur la vitesse à laquelle roulait un véhicule. Généralement, un avocat ne peut poser à son propre témoin des questions orientées, bien qu'il utilise souvent ce moyen pour éclaircir des faits non contestés ; dans les autres cas, il incombe alors à l'avocat de la partie adverse de soulever une objection que le juge retiendra *(sustained)* ou, au contraire, ne jugera pas valable *(overruled)*.

Quand l'avocat du demandeur ou le procureur a terminé l'audition d'un témoin, l'avocat de la partie adverse (ou le procureur) peut alors à son tour interroger le témoin ; c'est le contre-interrogatoire. Il devra le faire sans orienter les questions sous peine d'entendre l'autre avocat soulever une objection que le juge retiendra *(sustained)* ou au contraire ne jugera pas valable *(overruled)*.

IV. — Le rôle des experts devant le tribunal

Dans les affaires complexes, civiles ou pénales, les parties font appel aux experts et c'est sur la foi de leur témoignage que se fonde le juge ou le jury pour prendre sa décision. Les affaires sont de plus en plus complexes, les avis divergents et les décisions souvent contestées. Ainsi l'amiante est-elle responsable de différentes maladies respiratoires et de cancers du poumon ? Et les entreprises de ce secteur sont-elles coupables de ne pas avoir mis en garde le public et leurs employés contre les risques liés à l'amiante ?

En matière pénale, c'est le rôle de l'empreinte ADN (ou « empreinte génétique ») qui est mis en cause. C'est seulement si l'on croît qu'il n'existe pas deux personnes au monde qui aient la même qu'il est admissible de comparer deux échantillons (de sang ou de sperme), l'un trouvé sur les lieux du crime et l'autre prélevé sur le suspect. Le juge Ito dans l'affaire Simpson a longtemps hésité à interdire à l'accusation d'utiliser des preuves ADN (le gant tâché de sang trouvé sur les lieux du crime) et la stratégie de la défense reposait essentiellement sur le caractère non recevable de ces preuves « scientifiques ». En 1992, le Conseil de la recherche scientifique a reconnu la validité et la fiabilité de la technique ADN mais a néanmoins souligné la nécessité d'une grande prudence lors des tests de laboratoire, ce qui a relancé le débat.

Parce que les preuves scientifiques jouent un rôle grandissant, la question se pose des règles applicables à ces preuves scientifiques. C'est un arrêt de 1923, *Frye v. United States* qui a défini les critères à remplir pour qu'un témoignage soit recevable. Il doit être largement accepté comme technique fiable par la communauté scientifique. L'arrêt *Daubert v. Merrell Dow Pharmaceuticals, Inc.*, rendu en 1993 ne devrait pas changer radicalement la situation. Les juges suprêmes ont rejeté les critères de l'arrêt *Frye*, mais en précisant qu'il appartenait aux juges de vérifier la fiabilité des preuves scientifiques produites et d'agir en tant que « gardiens ». Ce qui permet aux deux camps de crier victoire !

V. — Le rôle du jury

Le droit à être jugé par un jury est inscrit dans la Constitution, ce qui explique que le jury a toujours joué un rôle important aux États-Unis. C'est encore vrai mais celui-ci est maintenant limité aux questions de fait. John Henry Wigmore avance quatre arguments en faveur du système du jury qui préviendrait et limiterait la méfiance vis-à-vis de la justice en intégrant le justiciable et en le faisant participer au fonctionnement de la justice. Il apporterait une nécessaire flexibilité dans l'application de la règle à l'espèce, éduquerait citoyens et justiciables en leur inculquant le respect du droit et celui de leur devoir de citoyen (on ne doit pas se soustraire à son devoir de juré) et en dernier lieu, par la diversité des jurés, il contribuerait à l'amélioration des verdicts.

Il faut bien évidemment nuancer ce grand optimisme humaniste et rappeler que, même si les douze jurés ne sont pas nécessairement « douze fous », comme l'affirme Mark Twain, le droit à un jury dont jouissent les citoyens dans la majorité des affaires, civiles et pénales, contribue fortement à l'imprévisibilité des verdicts, à l'encombrement et à la lenteur de la justice aux États-Unis.

En effet, outre le procès lui-même qui peut durer plusieurs semaines, la procédure de sélection du jury *(voir dire)* est longue et complexe, ne serait-ce que parce que la composition du jury est essentielle pour l'issue du procès. L'affaire O. J. Simpson a bien mis en lumière les enjeux liés au choix des jurés, ainsi qu'en témoigne le développement actuel d'une profession qui monte – celle de « consultant en jury ». C'est ainsi que l'un d'entre eux a aidé le procureur à sélectionner des individus qui n'avaient rien contre l'utilisation de « preuves scientifiques » (les fameuses empreintes ADN) et étaient disposés à condamner au vu des ces éléments. La défense avait elle aussi établi le profil du juré idéal susceptible de déclarer O. J. non coupable.

Il n'en demeure pas moins que si les stéréotypes ont la vie dure, c'est peut-être qu'ils reposent sur un fond de vérité. Il suffit de rappeler le clivage hommes/femmes dans l'appréciation de l'affaire Lorena Bobitt, cette épouse maltraitée qui avait sectionné le pénis de son mari et fut acquittée par un jury composé en majorité de femmes ; tout comme son mari avait été préalablement acquitté des charges de viol et coups et blessures portés à sa femme, alors qu'il a depuis été condamné à un mois de prison pour avoir battu sa nouvelle femme... De même, selon qu'un viol ou un meurtre est perpétré par un Noir ou un Blanc et selon la couleur de la victime, les avocats des deux parties auront des choix essentiels à faire quant à la race, au sexe et à l'âge des jurés. Ainsi, on considère généralement que les personnes âgées sont plus favorables au respect de l'ordre et que les femmes ont tendance à réagir en tant que mère ou épouse dans les affaires de viol, kidnapping ou sévices infligés à des enfants.

Les avocats de chaque partie ont le droit de récuser un nombre de jurés variable selon les États ; on distingue les *peremptory challenges* (récusations dont il n'est pas nécessaire de préciser le motif) et les *challenges for cause* (l'avocat doit expliquer pourquoi il récuse le juré). Les premières sont actuellement contestées car elles constitueraient des violations du principe d'égalité. La décision clé dans ce domaine est *Batson v. Kentucky* de 1986 dans laquelle la Cour suprême a affirmé qu'il n'est pas possible de récuser un juré en raison de sa race. Et dans une décision de 1994, la Cour suprême a étendu le raisonnement aux femmes. La question en jeu est de savoir si les récusations violent la clause d'égale protection du XIVe amendement à la Constitution (thèse défendue par le juge Blackmun) ou au contraire si leur interdiction ne revient pas à fausser le système même du jury (thèse du juge Scalia).

Le jury est une institution essentielle aux États-Unis car le droit à être jugé par un jury de ses pairs est reconnu non seulement en matière pénale (VIe amendement) mais aussi en matière civile par le VIIe amendement à la Constitution des États-Unis. Cette procédure n'est néanmoins obligatoire qu'en matière pénale. Le droit au jury n'existe pas en matière civile si on ne demande pas de dommages et intérêts (c'est une séquelle de l'*Equity*) ; il en est de même pour les infractions pénales mineures passibles d'une peine d'emprisonnement inférieure à six mois. Et de toute façon, beaucoup d'affaires pénales ne viennent pas en jugement en raison de la pratique répandue du *plea bargaining* (ou négociation de la peine directement entre l'avocat de la défense et le *prosecutor*). Cette pratique a le grand mérite de ne pas encombrer encore davantage l'appareil judiciaire mais le gros défaut de priver le VIe amendement d'une partie de sa portée, « le droit à être jugé par un jury de ses pairs » (v. chap. VI).

Ce *petty jury* ne doit pas être confondu avec le *grand jury* qui existe en matière pénale uniquement et a pour mission non de juger mais de déterminer s'il existe des éléments suffisants pour une mise en accusation. Soulignons par ailleurs que si le procès est jugé avec un jury, le juge ne détermine que les questions de droit concernant la procédure, la présentation des preuves et les règles de droit applicables à l'espèce ; c'est le jury qui se prononce sur les faits. Si le juge statue sans jury, il doit aussi se prononcer sur les questions de fait.

VI. — **Les « class actions » ou actions collectives**

Outre les spécificités américaines que sont la procédure de *discovery*, le rôle joué par les avocats dans le cadre de la procédure accusatoire, l'importance du jury et l'existence du pacte *quota litis,* il est une autre caractéristique importante du système américain, ce sont les actions collectives (de groupes ou *class actions*). Lorsqu'un groupe important d'individus a le même intérêt ou pour simplifier a subi le même préjudice, l'un d'entre eux ou quelques individus peuvent intenter l'action et tous n'ont pas à être présents ou parties prenantes. Cette procédure souple existe au niveau fédéral et dans la plupart des États. Les conditions à remplir sont les suivantes : les personnes constituant la « classe » doivent être trop nombreuses pour pouvoir toutes agir et se présenter devant la Cour ; leurs représentants désignés doivent assurer une juste et adéquate représentation de tous et de chacun. En dernier lieu, la « classe » doit exister de façon déterminable : les membres doivent avoir en commun un intérêt dans les questions de fait et de droit.

Destinées à l'origine à protéger le public, elles ont permis une amélioration de la sécurité des automobiles, une réglementation plus stricte de certains produits et la condamnation de fabricants à des dommages et intérêts (implants mammaires, agent orange, amiante). Ce système fait l'envie des associations françaises de consommateurs car il permet de rassembler un grand nombre de petits préjudices et d'obtenir gain de cause pour des victimes qui, individuellement, auraient renoncé à porter l'affaire devant la justice. Les *class actions,* entre les mains d'organisations de consommateurs comme celles de Ralph Nader sont de redoutables instruments pour discipliner une industrie ou rendre un produit plus sûr. Elles contribuent alors à remédier à des abus de société. Mais leur nombre continue de croître à un rythme deux fois plus élevé qu'en 1993. Et elles semblent devenues une aubaine plus pour les avocats que pour les consommateurs et victimes et dans certains cas, elles détournent les chefs d'entreprise de leur mission première qui est de gérer et non de se défendre en justice (Chrysler est ainsi en butte à dix-huit actions collectives différentes), ce qui explique que les avocats des entreprises fassent pression en particulier pour obtenir une modification des règles de procédure de façon à rendre plus difficile la Constitution d'une action de groupe.

VII. — Arbitrage et règlement extrajudiciaire des litiges ou Alternative Dispute Resolution (ADR)

Lorsque l'on regarde les chiffres, on constate que 90 % des affaires font l'objet d'une transaction entre les parties ; malheureusement, celle-ci intervient au dernier moment alors qu'un temps précieux s'est déjà écoulé et que des sommes importantes ont été dépensées pendant la procédure de *discovery*. Ce qui explique que, comme la plupart des pays développés, les États-Unis connaissent aussi une « crise » de la justice et tentent d'y remédier par divers moyens dont les ADR qui ne sont pas réservés aux petits litiges (comme les conciliateurs en France), mais utilisés de façon croissante par les entreprises. Il existe différents modes alternatifs de résolution des litiges mais tous visent le même but, gagner du temps et de l'argent en mettant l'accent sur la conciliation et en faisant intervenir la décision d'accord ou de transaction aussi en amont que possible. Sous ce vocable ADR, on regroupe aussi bien des formules anciennes comme l'arbitrage ou la médiation que des créations récentes comme les mini-procès.

L'arbitrage, on le sait, confie à une tierce personne la mission d'apporter une solution à un litige déjà né (par compromis) ou potentiel (par le biais d'une clause compromissoire figurant au contrat) et la sentence ainsi rendue lie les parties. Les États ont une procédure d'arbitrage assez uniforme car la plupart d'entre eux ont adopté l'*Uniform Arbitration Act*. Au niveau fédéral, l'arbitrage est organisé par la *Federal Arbitration Act* et d'autres lois fédérales qui prévoient que les conflits du travail ou les conflits avec les employés du gouvernement et pas seulement les litiges commerciaux, sont arbitrables. De nombreux organismes se chargent d'organiser les arbitrages, dont le plus connu est l'AAA *(American Arbitration Association)*.

A la différence des arbitres, le médiateur a pour tâche d'aider les parties à trouver une solution mais il ne rend pas de décision ayant force obligatoire. Le mini-procès est utilisé par les entreprises lorsqu'il est possible de « résumer » l'affaire et de procéder à une présentation rapide des faits et des preuves. Pour pouvoir choisir le *Summary Judgment Trial*, il faut qu'une action ait été engagée car la présentation des faits et des preuves se fait ici devant un jury qui, même si son rôle est consultatif, doit être convoqué par le juge. Le verdict qui est ainsi rendu par ce jury « consultatif » ne lie pas les parties mais les aide à se déterminer et à aboutir à un accord.

Il est aussi possible de s'adresser à un juge « privé » qui suivra la procédure normale et dont la décision s'imposera aux parties.

D'une certaine façon, c'est une atteinte au monopole de la Justice qui ressemble beaucoup à l'arbitrage. La décision rendue par ce juge privé peut faire l'objet d'un appel et c'est là qu'il faut veiller à prévenir les dérapages et empêcher que ce système ne devienne un bon moyen d'éviter les longues attentes avant que l'affaire ne vienne en jugement en première instance. Certains s'élèvent contre le caractère technocratique des ADR et leur statut ambigu : s'agit-il de conciliation ou de pouvoirs juridictionnels ? Et lorsque les ADR sont rendues obligatoires, comme en Californie, cela aboutit à rajouter une étape supplémentaire au parcours judiciaire.

En dernier lieu, il faut mentionner une approche un peu différente qui est celle de la *reg-neg* ou *regulatory negotiation* mise en place par l'administration et plusieurs agences à pouvoir réglementaire et qui vise à associer les intéressés à l'élaboration des règlements. Ceux-ci sont consultés au fur et à mesure et avant l'adoption du texte, ce qui permet d'éviter les recours en nullité ultérieurs. Ce système fonctionne particulièrement bien au plan fédéral en matière d'environnement et de transport aérien.

VIII. — **Après le jugement**

Une fois le jugement rendu par le juge, il est possible de faire appel. Ce droit appartient aux deux parties en matière civile mais est limité au défenseur en matière pénale. L'appel en matière civile et pénale peut être fondé sur des erreurs d'interprétation du droit par le juge du fond ou sur des erreurs de procédure. En matière pénale, les défenseurs disposent d'une voie de recours supplémentaire : ceux qui sont condamnés en dernier ressort par un tribunal d'État peuvent faire appel devant un tribunal fédéral sur la base de la violation de leurs droits constitutionnels fédéraux. Ce privilège permet au système judiciaire de contrôler les abus qui peuvent se produire au cours de procédures pénales étatiques. Lorsque le jugement devient définitif, la doctrine de *res judicata* interdit aux mêmes parties de porter la même affaire devant un juge.

Selon la Constitution des États-Unis qui garantit la suprématie de la loi fédérale, un tribunal étatique doit reconnaître l'autorité de la chose jugée des décisions rendues par un tribunal fédéral. Parallèlement, les lois fédérales disposent qu'un tribunal fédéral doit respecter l'autorité de la chose jugée d'une décision rendue au niveau d'un État. Enfin, les États doivent reconnaître l'autorité de chose jugée des décisions rendues par un autre État. Cette règle se fonde sur la doctrine de *Full Faith and Credit* incluse dans la Constitution des États-Unis et selon laquelle les États doivent respecter et reconnaître les actes législatifs, décrets et jugements émanant d'un autre État, ce qui rend possible une libre circulation des jugements, semblable à ce qui existe en Europe grâce à la Convention de Bruxelles.

En ce qui concerne les jugements étrangers, leur reconnaissance et exécution, en l'absence de toute convention d'*exequatur* dépend de la courtoisie internationale et les procédures d'*exequatur* sont déterminées par la jurisprudence des États fédérés. La procédure est toujours longue, complexe et le résultat incertain. Un tribunal américain peut en effet refuser de rendre un jugement étranger exécutoire dans plusieurs hypothèses : 1 / si les procédures employées par le tribunal étranger ne sont pas conformes à la règle américaine de *due process* (notification au défendeur afin qu'il puisse organiser sa défense, obtenir une audience et avoir recours à la protection des lois) ; 2 / si le jugement est en conflit avec une autre décision ; 3 / si le défendeur n'a pas été notifié dans les formes ; 4 / si le jugement est contraire à l'ordre public des États-Unis ; 5 / si l'instance étrangère était contraire à un accord conclu entre les parties définissant une autre procédure à suivre en cas de litige. En matière pécuniaire, la situation est moins difficile. Plusieurs États ont adopté le *Uniform Foreign Money-Judgments Recognition Act*, qui prévoit la reconnaissance et l'exécution automatiques de tout jugement étranger de nature pécuniaire, que celui-ci accorde ou non des dommages et intérêts.

En matière de sentences arbitrales, la situation est plus simple du fait que les États-Unis sont parties à la Convention de New York de 1958 et que les tribunaux fédéraux sont compétents. C'est à eux qu'il appartient de rendre exécutoires les sentences arbitrales étrangères dans les limites apportées par la Convention et par le droit américain (non-violation de l'ordre public du pays dans lesquels elle doit être exécutée). Une sentence étrangère peut donc être rendues exécutoire plus aisément qu'un jugement étranger, ce qui explique que les entreprises (françaises) privilégient ce mode de règlement des litiges.

Chapitre V

LE PERSONNEL JUDICIAIRE

Nous nous intéresserons ici essentiellement aux juges fédéraux et d'État, au ministère public (les *US attorneys* au niveau fédéral et les *District Attorneys*, DA au plan des États) ainsi qu'aux importants, pour ne pas dire incontournables, auxiliaires de justice que sont les avocats, parmi lesquels sont choisis les *Prosecutors*.

I. — **Les juges**

Les juges fédéraux et d'État sont nombreux et leur rôle découle de plusieurs facteurs, le poids du judiciaire, la procédure (accusatoire) et leur mode de sélection. La procédure accusatoire qui, du point de vue historique évolue la première en remplaçant les anciennes formules du droit de vengeance se fonde sur la confrontation des deux parties et de leurs avocats. Pivot de la présomption d'innocence en matière pénale, elle n'a pas pour objet de faire avouer mais de découvrir la vérité. A cette fin, les parties ont tous les pouvoirs, décident de la procédure et des meilleures stratégies pour présenter leurs prétentions respectives. Ce sont les avocats qui instruisent la cause, définissent les questions de fait et de droit à soumettre au juge, rassemblent les éléments de preuve et conduisent l'audition des témoins au cours du débat. Dans ce contexte, le juge a plutôt un rôle d'arbitre neutre et passif chargé de veiller au respect des règles visant à assurer l'équilibre entre les parties ; il ne doit d'ailleurs pas s'immiscer sous peine de perdre son image d'impartialité.

Le pouvoir du juge aux États-Unis est limité par trois facteurs déjà relevés par Tocqueville : « Les Américains ont conservé au pouvoir judiciaire ces trois caractères distinctifs. Le juge américain ne peut se prononcer que lorsqu'il y a un litige. Il ne s'occupe jamais que d'un cas particulier ; et pour agir, il doit toujours attendre qu'on l'ait saisi. » En revanche, il doit statuer et apporter une solution au litige.

Le recrutement constitue le point de contact le plus visible entre le pouvoir judiciaire et les autres branches du système politique. Quel que soit le moyen choisi – nomination, élection ou *Merit Plan*, il confère au juge une représentativité directe ou indirecte et donc une légitimité démocratique dont les magistratures continentales sont dépourvues (Bell, 1988). Dans les pays romano-germaniques en effet, la fracture droit/politique subsiste et les juges sont censés appliquer la loi sans s'immiscer dans les prérogatives du pouvoir politique.

Aux États-Unis, les méthodes de sélection des juges sont variables, selon qu'il s'agit des juges fédéraux ou d'État mais elles se rattachent toujours soit au système de l'élection, soit au système de la nomination. A l'origine, tout oppose les juges fédéraux, en particulier les *Justices* de la Cour suprême et les « petits » juges locaux désignés par un processus partisan ou élus et dont la compétence juridique n'était pas toujours le critère principal de choix. Pourtant, ces différences, si elles subsistent, se sont atténuées et dans les deux cas, les objectifs recherchés sont ou devraient être de garantir leur compétence, leur impartialité, leur indépendance, ce qui est possible lorsqu'ils sont assurés de ne pas être révoqués sans juste cause et qu'il leur est garanti un salaire suffisant. Mais soulignons d'emblée que le processus est politique et partisan, ce qui est le pendant « normal » aux États-Unis de l'intervention du judiciaire en matière politique. Le débat sur l'indépendance du judiciaire est néanmoins relancé depuis 1995 en raison de l'obstruction des républicains qui refusent systématiquement les candidats proposés par le président Clinton sous prétexte de libéralisme outrancier et parlent de mettre certains juges en accusation, alors que la magistrature fédérale est globalement plus conservatrice qu'elle ne l'a été depuis longtemps.

1. **Les juges fédéraux.**

A) *La nomination des juges.* — Au niveau fédéral, c'est la nomination (avec approbation du Sénat) qui prévaut pour les juges des cours de district et circuit, les *Bankruptcy Judges* et pour ceux qui siègent dans les instances judiciaires des commissions réglementaires. Fondée sur le concours des pouvoirs exécutif et législatif, cette procédure est un bon exemple du célèbre mécanisme de freins et contrepoids. Le choix relève du Président qui dispose d'un large pouvoir d'appréciation mais ce pouvoir connaît des limites, ainsi qu'en témoignent les cas de refus-rejet : 28 candidatures à la Cour suprême ont été retirées ou rejetées depuis le début de son histoire. Plus récemment, il faut signaler les deux candidats proposés par le président Nixon (Clement Haynsworth en novembre 1969 et G. Harrold Carswell en avril 1970), l'échec de la candidature du juge Bork en 1987 et les dizaines de rejet de candidatures aux cours de district et d'appel.

Le rôle de la commission sénatoriale *(Senate Judiciary Committee)* apparaît clairement lorsqu'il s'agit de désigner un *Justice* à la Cour suprême. Au cours des dernières sélections, celle-ci a cherché à s'assurer des qualités intellectuelles, morales et juridiques du candidat *(nominee)* et à s'assurer que le futur *Justice* avait bien les « positions qu'il faut » sur les questions importantes du moment, ce qui peut avoir pour effet pervers d'amener le Président à choisir des individus qui n'ont pas d'idées trop affirmées sur les sujets chauds – comme l'avortement – ou du moins qui ont peu écrit et donc à qui on ne pourra pas reprocher leurs prises de position. Pourtant certains soulignent un manque de motivation des sénateurs qui dans leur majorité préfèrent éviter le risque d'une épreuve de force avec le Président et se contentent d'accepter un juge qui rétablira le complexe équilibre antérieur : un Noir Clarence Thomas pour remplacer Thurgood Marshall ; de même, la désignation du juge Scalia pour occuper la place laissée libre par le *Chief Justice* Burger a généralement été analysée comme un conservateur remplaçant un autre conservateur. Au contraire, lorsque Ronald Reagan a voulu faire succéder à Lewis Powell qui avait souvent joué un rôle pivot en faisant basculer la majorité vers le libéralisme et le progressisme un conservateur notoire comme Robert Bork, ce choix a été jugé inacceptable et la candidature a été rejetée. Les propositions visant à améliorer la procédure d'examen sont jusqu'ici restées sans effet en raison des nombreux obstacles politiques. Et c'est vrai que la politique du silence prévaut, qu'il s'agisse de candidats « républicains » proposés par un président républicain devant une commission dominée par les démocrates (Sandra O'Connor ou Antonin Scalia) ou de candidats se présentant devant une commission « amicale », comme dans le cas de la nomination de Ruth Bader Ginsburg en 1993 et de Brayer en 1994, tous deux nommés par un président démocrate après vingt-cinq ans de nominations « républicaines ».

Quelle que soit l'efficacité réelle du contrôle sénatorial, il s'agit bien là d'un exemple de « pouvoir partagé » qui caractérise le fonctionnement du système politique américain et qui s'applique ici (Clayton, 1992) : en effet si l'on considère les vingt ou trente dernières années, le Président a rarement pu compter sur un Sénat appartenant à la même majorité. Dans les années 70, les présidents républicains doivent s'accommoder d'un congrès démocrate et actuellement le président Clinton se débat avec une majorité républicaine depuis 1994 qui bloque 97 nominations dont 30 depuis plus de dix-huit mois.

De même, il faut aussi compter avec les divers acteurs qui participent au choix des juges fédéraux, parmi lesquels, l'*Attorney General* qui en raison des compétences attribuées à son ministère représente sans doute le relais institutionnel le plus important entre le gouvernement et les cours fédérales. C'est lui qui gère le recrutement et définit les politiques fédérales en matière de justice (Clayton, 1992). La magistrature, à qui l'administration demande son avis participe aussi au processus ainsi que la puissante association professionnelle des Barreaux *(American Bar Association)*. Les avis exprimés par son Comité pour la justice fédérale, institué en 1946 et composé d'une quinzaine de membres sont généralement écoutés par le ministère de la Justice (Abraham, 1993). Pour les juridictions inférieures, il faut aussi compter avec les forces politiques locales, en particulier les maires et avec le sénateur de l'État. Celui-ci est toujours entendu – du moins bien sûr s'il appartient au même parti que le Président et peut s'opposer à une candidature en vertu de la règle de courtoisie sénatoriale.

Il n'en demeure pas moins que les présidents ont généralement la possibilité d'imprimer leur philosophie politique, non seulement sur la Cour suprême (90 % des juges sont issus du parti présidentiel) mais aussi sur les cours de circuits (le chiffre y est encore de 84 % – Goldman, 1991). Des études ont montré que les présidents Reagan et Bush sont parvenus à infléchir les décisions des cours d'appel tant en matière de peine de mort que d'application de la législation *antitrust*, en nommant à eux deux plusieurs centaines de juges fédéraux. Le président Clinton a nommé deux juges à la Cour suprême et un quart des juges actuellement en place. Il a d'ailleurs nommé plutôt des modérés pragmatiques, contrairement aux accusations des républicains.

Ce sont également les présidents qui influent sur les critères à privilégier ; les réformes mises en œuvre par le président Carter avaient augmenté le poids des compétences professionnelles mais le président Reagan est revenu à des critères plus idéologiques (Goldman, 1991) et la situation semble de nouveau avoir changé avec la présidence Clinton qui, si l'on en croit les deux premières nominations, chercherait à valoriser les capacités professionnelles et à donner davantage de place aux groupes sociaux traditionnellement sous-représentés, notamment les femmes (Goldman, 1995). Certains lui ont aussi reproché de choisir des personnalités un peu ternes de façon à éviter le risque d'un rejet ou d'audiences très houleuses et partisanes devant la commission sénatoriale. En tout état de cause et quelles que soient les périodes considérées, les compétences professionnelles ont toujours été jugées centrales, tout particulièrement pour les *Justices*, dans la mesure où il n'est pas dans l'intérêt du Président de désigner des candidats médiocres qui ne peuvent que discréditer la magistrature (suprême) et avec qui il faudra « vivre » pendant peut-être quarante ans, compte tenu de l'inamovibilité dont ils jouissent et de l'accroissement de l'espérance de vie depuis l'époque de l'adoption de la Constitution. Les juges fédéraux sont le plus souvent des avocats, diplômés des facultés de droit les plus prestigieuses, des universitaires réputés, des hauts fonctionnaires et de plus en plus les juges de cours d'appel ou de juridictions d'État accèdent à la magistrature suprême. Il apparaît ainsi une ébauche de carrière – typique des pays de droit civil mais inconnue jusqu'à récemment dans les pays anglo-saxons – avec nomination à une cour fédérale inférieure puis à une cour d'appel ou à la Cour suprême. Du point de vue socio-économique, la magistrature fédérale américaine montre un profil plus jeune et moins élitiste que son homologue britannique (rappelons que les quelque 900 juges britanniques des juridictions supérieures y sont nommés comme couronnement d'une carrière d'avocat et donc ont généralement entre 50 et 60 ans). Mais ils sont plus âgés et plus ancrés dans la réalité socio-économique que leurs homologues français.

B) *L'indépendance des juges fédéraux.* — L'inamovibilité ou du moins la *security of tenure* associée, nous l'avons dit, à de bonnes conditions matérielles est indispensable pour garantir l'indépendance de la magistrature. Les juges fédéraux des cours constitutionnelles (créées en vertu de l'article III de la Constitution) en bénéficient et les autres juges fédéraux (qui siègent dans les cours législatives créées en vertu du pouvoir accordé au Congrès à l'article I) sont nommés pour de longs mandats, dix ou quinze ans, qui sont gage de leur indépendance. Et d'ailleurs il faut souligner qu'à la différence de la France, celle-ci n'est jamais mise en cause. Ils bénéficient par ailleurs d'une garantie que leur salaire ne peut être diminué (art. III). Il peut être augmenté, ce que les membres du Congrès ne sont pas toujours enclins à faire. Et certains juges fédéraux, estimant que leur garantie constitutionnelle était violée en raison du taux d'inflation qui aboutissait à réduire leur salaire en termes réels ou de la stagnation de leur pouvoir d'achat, ont porté l'affaire devant les tribunaux à plusieurs reprises.

Les juges ont aussi la possibilité de prendre leur retraite dans des conditions matérielles satisfaisantes, ce dont profitent peu les juges de la Cour suprême. Henry J. Abraham, dans *The Judicial Process,* cite le chiffre de 96 postes à pourvoir intervenus entre 1789 et 1984, sur lesquels les décès représentent la moitié (48). L'auteur souligne également qu'au cours du XXe siècle, sept *Justices* seulement ont démissionné pour des raisons autres que la maladie ou la vieillesse : Abe Fortas en 1969 à la suite d'allégations de *misconduct in office* ou Potter Stewart parce qu'il souhaitait revenir dans le privé.

Jusqu'en 1980, il n'existait aucune procédure de discipline et le seul moyen de sanctionner un juge fédéral était la lourde procédure de la mise en accusation *(impeachment)* pour trahison, corruption ou autres crimes. Il faut un vote à la majorité simple par la Chambre des représentants, puis le Sénat a la possibilité de voter la condamnation à la majorité des deux tiers des membres présents et votants, si le quorum est atteint. Jusqu'à ce jour, la Chambre a initié une douzaine de procédures de mise en accusation et n'a abouti qu'à quatre condamnations. Cinq juges furent acquittés et neuf autres démissionnèrent avant que des accusations formelles ne soient portées contre eux. En 1997, il est beaucoup question d'utiliser cette procédure pour intimider certains juges jugés trop libéraux par certains républicains, dont le représentant Tom DeLay. S'il devait passer aux actes, c'est l'indépendance même du judiciaire qui serait mise en cause.

En bref, La Maison Blanche et le ministère de la Justice d'un côté et le Législatif de l'autre représentent des acteurs centraux mais non exclusifs d'un réseau d'interactions et de « négociations », incluant les partis politiques, les organisations professionnelles, voire l'opinion publique lorsqu'il s'agit des juges à la Cour suprême. L'aspect politique existe donc bel et bien et est le pendant du rôle politique joué par le judiciaire, rôle inscrit dans la tradition de *common law* et qui aux États-Unis tient à la place que la Constitution américaine a réservée au judiciaire en tant que troisième pouvoir à part entière et à une évolution qui a lié le concept d'activisme à la magistrature américaine.

2. **Les juges d'État.** — Au niveau des États, c'est au cours du XIXe siècle que ceux-ci s'orientent vers le choix de leurs juges par voie d'élection, mettant ainsi fin aux méthodes antérieures – de sélection par le Corps législatif ou de nomination par le gouverneur avec approbation du Sénat de l'État (soit un système équivalent à ce qui existe pour les juges fédéraux). Au cours du XXe siècle, un mouvement inverse se produit en raison des inconvénients du système électif (incom-

pétence des élus, poids de l'appareil partisan, pressions exercées sur le juge, démagogie plus ou moins grande par rapport à l'opinion publique), mais l'élection n'a pas disparu et les pressions des électeurs et des machines politiques persistent bien qu'atténuées.

Selon les partisans de l'élection, ce système aurait l'avantage de rendre le pouvoir au peuple souverain et de mettre en place des juges en prise directe sur l'électorat, ce qui n'est pas le cas d'une élite judiciaire protégeant d'un bouclier conservateur les intérêts privés et les grandes entreprises contre les législations et réglementations adoptées par les représentants du peuple. Les adversaires de l'élection, quant à eux, soutiennent que des juges élus sont par essence manipulables (par l'opinion publique et leurs électeurs) alors que des juges nommés à vie jouissent d'une indépendance suffisante pour pouvoir s'interposer entre les majorités politiciennes et les droits acquis. A la fin du XXe siècle, de nombreux juges d'État sont encore élus et leur compétence et/ou leur totale indépendance est parfois contestée. En tout état de cause, les critiques exprimées à l'encontre de l'élection directe soulignent les effets pervers de la politisation qui nuit à l'image d'impartialité du juge et fait baisser la qualité du recrutement (Sheldon & Lorich dans *Gates*).

Au fil des réformes, les États ont adopté un ensemble original de solutions qui sont bien différentes du recrutement par concours que l'on trouve en France et dans les pays européens de droit civil. Ces systèmes sont la nomination directe confiée à des autorités politiquement représentatives, l'élection placée ou non sous l'égide des partis politiques et le *Missouri non partisan Court Plan* créé en 1940 dans l'État qui lui a donné son nom, afin de concilier et d'associer les critères de choix politiques et professionnels. En détaillant, c'est à six méthodes de sélection des juges (ils sont près de 30 000) que les 50 États américains ont recours : élection partisane, élection non partisane, sélection au mérite à un ou plusieurs niveaux du processus judiciaire, nomination par le gouverneur et sélection/cooptation par les juges en poste. Mais dans tous les cas, les juges sont protégés par la durée de leur mandat – de six à quinze ans selon les cas, garant de leur indépendance et par les conditions bien précises dans lesquelles ils peuvent être révoqués. La mise en accusation, qui existe pour les juges fédéraux a également été instituée par la plupart des États ; mais on trouve aussi d'autres procédures telles que l'*address*, requête en destitution votée par le Corps législatif et adressée au gouverneur ou le « rappel » *(recall)* qui est une pétition publique suivie d'un référendum populaire visant à relever un juge de ses fonctions.

II. — Les auxiliaires de justice

A côté des juges, certains auxiliaires de justice jouent un rôle essentiel. C'est le cas du greffier *(court clerk)* élu ou nommé. Il est responsable de l'administration des dossiers du tribunal ; il est aussi chargé de faire prêter serment aux membres du jury au début du procès. L'huissier *(bailiff)* est chargé de maintenir l'ordre dans la salle, d'appeler les témoins à la barre et de s'occuper du jury conformément aux instructions du tribunal, lorsque le jury n'est pas en salle d'audience et en particulier pendant les délibérations. C'est lui qui a la responsabilité de nourrir les jurés, et de veiller à ce que personne ne leur parle ni ne cherche à les influencer.

Le sténotypiste *(court reporter)* est chargé de prendre acte de tout ce qui se passe durant le procès, notamment les témoignages des témoins, les objections faites par les avocats et la décision du juge quant à l'objection (les fameux *sustained* – le juge estime l'objection justifiée – ou *overruled* – il autorise l'avocat qui a posé la question jugée tendancieuse à poursuivre – que connaissent bien les cinéphiles !). Le sténotypiste est aussi chargé de l'enregistrement et de la numérotation des pièces à conviction proposées ou introduites comme preuve.

D'autres auxiliaires jouent un rôle important ; c'est le cas des experts (v. chap. IV) et des détectives privés, institution qui n'a pas son équivalent en France et qui, au contraire, joue un rôle essentiel aux États-Unis du fait de la procédure accusatoire. Ce sont eux qui cherchent l'information et mènent l'enquête pour l'avocat qui a fait appel à eux, ce qui a une double conséquence. La nécessité de recourir à un détective privé coûte cher et confirme qu'un justiciable est bien démuni s'il n'est pas assisté non seulement d'un avocat mais des auxiliaires de celui-ci.

D'autres auxiliaires sont aussi des personnes privées ; c'est le cas des garants qui se portent caution. Leur mission est essentielle mais la façon dont ils travaillent fait l'objet de sérieuses critiques. Les prévenus jouissent de la possibilité d'être libérés sous caution (v. chap. VI) ; encore faut-il qu'ils aient les moyens d'acquitter le montant de la caution fixée par le juge. Les plus démunis s'adressent à un garant professionnel qui, s'il accepte (il n'est pas obligé) leur facture 10 % de la somme, qui ne sera pas remboursée, même si le prévenu se présente à l'audience. En cas d'impossibilité de trouver la somme requise, le prévenu doit rester en prison, ce qui diminue d'autant ses chances d'être acquitté puisqu'il ne pourra pas organiser sa défense aussi facilement. Certes le juge détermine le montant de la caution en fonction de la gravité de l'infraction et des ressources de l'inculpé, mais cette irruption de l'entreprise privée et du « capitalisme » dans le processus judiciaire est révélatrice de la culture américaine et a des conséquence en termes d'égalité devant la justice. Pour remédier à cette discrimination riches/pauvres, divers services ont été mis en place, dont le plus connu est celui que gère le *Vera Institute of Justice* à New York. Mais ils sont peu nombreux et ne sont que des palliatifs.

Bien que la police ne fasse pas partie de l'organisation judiciaire au sens propre, elle joue un rôle essentiel dans l'application de la loi, l'arrestation des suspects, et son action est régulièrement remise en cause par les médias à l'occasion de passages à tabac et autres « dérapages » plus ou moins graves, qui sont souvent le fait de la police de New York (NYPD) ou de Los Angeles (LAPD) et sont attribués principalement au fait que les policiers sont en majorité blancs et travaillent dans des quartiers habités en majorité par des minorités. Sur le plan financier, la police est un poste qui représente un quart des dépenses d'une municipalité, ce qui est important à une époque de lutte contre la criminalité. Signalons que depuis trois ans, la criminalité est en baisse dans la ville de New York et dans plusieurs autres grandes métropoles. En sanctionnant de petites infractions, la police, semble-t-il, évite que de plus graves soient commises mais cette politique préventive souhaitable a des conséquences sur l'administration de la justice et sa bonne marche.

Tout comme la police, les prisons relèvent de l'Exécutif et ce sont elles qui supportent de plein fouet les conséquences de la criminalité et du durcissement tant au plan des États qu'au niveau fédéral (v. chap. VII). Les conditions de détention, dans le système pénitentiaire américain, sont en partie soumises à la surveillance des tribunaux. Certaines maisons d'arrêt ont été déclarées si « barbares » qu'elles tombent sous le coup du VIIIe amendement qui interdit les châtiments cruels (v. chap. VI). Et dans ce cas, il ne reste qu'à fermer l'établissement ou à dégager toujours plus de crédits.

Signalons que la mise en liberté sur parole ne relève pas du juge mais de commissions spéciales désignées par l'Exécutif.

III. — Le ministère public

Aux États-Unis où la fonction du procès est tout autant de résoudre un conflit que de défendre les intérêts généraux de la société, le ministère public est assimilé au défenseur/représentant de la victime. A la différence de la Grande-Bretagne, le ministère public a toujours existé aux États-Unis mais il n'est pas comme en France structuré, rattaché et subordonné (jusqu'à nouvel ordre) au garde des Sceaux. Dans les États, les chefs des parquets sont souvent élus et même le parquet fédéral qui a une structure nationale est peu centralisé ; il a des représentants dans toutes les juridictions de première instance et chacun des 94 procureurs *(US District Attorneys)* qui exerce au niveau des cours de district jouit d'une grande autonomie à l'égard du ministère de la Justice. Ils sont nommés par le Président avec l'approbation du Sénat. En pratique, c'est le ministère de la Justice qui sélectionne les candidats et conduit, si nécessaire, les négociations avec le Sénat. Ces procureurs sont nommés pour quatre ans mais peuvent être révoqués par le Président, au moins théoriquement. En raison du mode de recrutement et de sélection, les chefs de parquet ont souvent eu une expérience non seulement professionnelle mais aussi politique, en dehors du parquet ; ce qui veut dire aussi que même s'ils sont liés politiquement à l'administration en place, il leur est facile de quitter leurs fonctions pour retourner dans le privé ou l'enseignement ou occuper une autre fonction politique ou professionnelle, ce qui concrètement leur confère une grande autonomie. Il ne faut donc pas exagérer leur subordination hiérarchique mais elle existe néanmoins. En témoignent les pressions exercées par le président Nixon pour obtenir de son ministre de la Justice qu'il se débarrasse du procureur spécial *(Special Prosecutor)* Archibald Cox, chargé d'enquêter sur le Watergate.

C'est afin de garantir l'autonomie du ministère public dans les affaires politiquement sensibles et lorsque l'enquête porte sur un membre de l'administration ou un proche qu'a été créée la fonction de procureur spécial indépendant *(Independent special prosecutor)*. Ces procureurs sont nommés, à l'initiative du ministre de la Justice, par un panel de trois juges, pour une affaire précise avec un budget bien spécifique (provenant de ressources directement allouées par le Congrès. Au cours des quatre dernières administrations, dix-sept procureurs indépendants ont été nommés pour enquêter sur des affaires plus ou moins importantes impliquant un membre de l'Exécutif et risquant de soulever un conflit d'intérêts : usage de cocaïne, corruption de syndicalistes, lobbying illégal. Quatre ont déjà été nommés au cours de la présidence Clinton et l'affaire la plus connue est bien sûr l'affaire Whitewater dans laquelle le président Clinton et son épouse sont impliqués. L'enquête confiée à Kenneth W. Star soulève maintes questions quant à son coût, au processus devenu très politisé et à l'impartialité inexistante. En ce qui concerne les possibles illégalités commises par l'équipe démocrate en matière de financement des élections de 1996, les républicains réclament la nomination d'un procureur spécial mais cette décision relève du ministre de la Justice et Janet Reno a estimé en 1997 que ce n'était pas nécessaire.

IV. — L'avocat américain

L'auxiliaire de justice le plus connu est bien sûr l'avocat, appelé aussi bien *lawyer*, qu'*attorney* ou *counsel,* et qui diffère sensiblement de l'avocat français (d'avant et après la réforme de 1991 ayant donné naissance à la nouvelle profession d'avocat). Le *lawyer* est un géant précédé par sa réputation haute en couleurs, mais aussi un peu effrayante. Profession prestigieuse, les avocats américains sont maintenant contestés, pour ne pas dire ouvertement critiqués. C'est vrai qu'ils sont nombreux, très nombreux, plus de 800 000, soit 1 pour 300 personnes ou 307 pour 100 000 habitants (contre 102 en Grande-Bretagne, 82 en Allemagne réunifiée et 12 pour le Japon). Et ces chiffres continuent de croître : 355 242 en 1971, 542 205 en 1980, 750 000 en 1990 et pour l'an 2000, l'*American Bar Association* prévoit 1 million d'avocats. Pourtant même si c'est une idée bien ancrée, il faut nuancer ces chiffres en tenant compte des différentes fonctions assumées par l'avocat américain. Sous le terme de *lawyers*, on trouve certes des avocats, mais aussi des procureurs, des juristes d'entreprises et des *lawyers* qui travaillent dans les multiples agences à pouvoir réglementaire qui existent au niveau fédéral comme au plan des États. Ce qui permet à certains d'affirmer que les *lawyers* américains (au sens français du terme avocat) ne représenteraient finalement que 9,4 % (et non 70 % comme l'avait affirmé Dan Quayle) des 7,3 millions d'avocats au monde.

Les avocats inspirent peu confiance : dès 1983, seuls 12 % des Américains tenaient en haute estime les cabinets d'avocats ; les avocats se préoccupent trop d'argent (32 %), entament trop de procédures inutiles (20 %) et manipulent le système juridique sans se préoccuper suffisamment du bien et du mal. Pourtant, ce même sondage révélait 83 % de satisfaits ; mais le paradoxe n'est qu'apparent puisque dans un cas on se prononce sur un groupe social et les préjugés et stéréotypes ont tendance à prendre le pas, alors que dans le deuxième cas on fait référence à une situation précise et à une personne individualisée.

On reproche en particulier aux avocats leur attitude procédurière qui aurait contribué à l'encombrement actuel des tribunaux et au dérapage constaté dans certains domaines du droit, comme la responsabilité civile. Qui n'a pas entendu parler des *ambulance chasers* ou suiveurs d'ambulances qui vont poursuivre les victimes d'accidents jusque dans leurs chambres d'hôpital pour leur proposer leurs services « gratuits » puisqu'ils se rémunèrent sur les dommages et intérêts et ne demandent aucun honoraire en cas d'échec de la procédure. Grâce à ce système de pacte *quota litis (contingency fees),* des victimes se sont vu accorder (ce qui ne veut pas toujours dire qu'elles ont touché) des millions de dollars et leurs avocats, selon les cas, 30, 40 ou 50 % de ces dommages et intérêts. Ce système qui peut favoriser les justiciables démunis a été poussé à des extrêmes, ce qui explique que certaines entreprises aient dû fermer boutique ou bien aient préféré le faire avant d'être acculées au dépôt de bilan, d'autres se contentant de ne plus innover et de retirer de la circulation les produits susceptibles d'être jugés dangereux : du casque de moto à l'amiante en passant par les stérilets ou les vaccins (v. chap. VII).

Mais les avocats ne sont pas tous des *plaintiff lawyers*. Et c'est d'ailleurs l'une des caractéristiques de la profession d'avocat : sa diversité. En effet, on appelle *lawyer* tout individu qui a réussi les examens d'entrée (*Law School Admission Test* ou LSAT) et de sortie *(Juris Doctor)* d'une Faculté de droit et qui a passé le difficile *Bar Exam* dans l'un des États. Il peut alors devenir avocat (au sens français du terme) ou juriste d'entreprise ou travailler dans un ministère ou l'une des nombreuses agences réglementaires ou encore décider d'être *prosecutor*. C'est donc une grande surprise pour les Américains comme pour les Français de constater que l'homologue d'un magistrat du ministère public en France (issu de l'École nationale de la magistrature) est un « avocat » comme les autres aux États-Unis. Certains sont *prosecutor* (ou DA, *District Attorney* au niveau de l'État) pendant une dizaine d'années avant de passer de l'autre côté de la barrière et de devenir *defense attorney*, avocat de la défense.

Pour les autres, qu'ils soient avocats d'affaires ou spécialisés dans les litiges individuels du type divorce ou immobilier, ce sont d'excellents professionnels travaillant seuls ou en cabinets de groupes. Leurs honoraires (élevés) sont calculés au temps passé... aussi bien en rendez-vous, qu'au téléphone, au restaurant ou sur le chemin de l'aéroport. Attention donc car l'avocat américain ne fait pas de cadeau. Mais si les modalités de collaboration ont été clairement définies au départ – sa mission, sa marge de manœuvre, le montant des honoraires selon la personne qui suit le dossier (collaborateur qu'on appelle *associate* ou bien associé qui peut être un *junior partner* ou un *senior partner*) – il apportera les ressources d'un esprit formé à la rude école de la concurrence américaine et de la sélection féroce qui suit les quatre premières années à l'Université et l'entrée à la *Law School.*

En résumé, les avocats américains constituent l'élite de la nation. On les trouve partout, à tous les postes clés : présidence, *First Lady*, cabinet du président, administrations, agences réglementaires, *Department of Justice*. Et malgré le discrédit qui pèse actuellement sur certains d'entre eux, en termes de pouvoir, prestige et influence réelle sur les affaires, c'est bien aux énarques français qu'il faut les comparer.

Parmi les tendances actuelles qui marquent la profession, il faut mentionner la croissance de la taille des cabinets, cette concentration se doublant d'une bureaucratisation et de l'adoption des méthodes du business. La concentration de la profession est claire : les avocats qui exerçaient seuls étaient encore 68 % en 1960, ils sont maintenant moins de 30 %. Corrolairement, les avocats ont tendance à se spécialiser toujours davantage dans des domaines étroits du droit des affaires (propriété industrielle) ou fiscal. Ce sont bien sûr les cabinets d'affaires qui sont les plus importants et qui engrangent le plus d'honoraires. Un cabinet de 100 avocats ne fait pas partie des 250 plus gros et les cabinets comptant plus de 200 avocats sont près de 150 alors qu'ils n'étaient que 15 en 1978. Si l'on ajoute les collaborateurs qui ne sont pas toujours comptabilisés, on a bien de véritables usines à droit ! On trouve ces mastodontes essentiellement à New York (un cinquième des plus gros cabinets) et dans les villes de la *Sun Belt*, San Francisco, Los Angeles et Dallas ; ils ont tous des antennes à l'étranger et sont présents sur les cinq continents. Ces cabinets sont gérés comme des entreprises, leurs responsables n'hésitant pas recourir à la gestion informatisée des coûts et des honoraires comme aux techniques de marketing de leurs services.

La seconde tendance est le recours accru de certaines catégories d'avocats à la publicité. En 1977, dans l'affaire *Bates v State Bar of California*, la Cour suprême a reconnu aux avocats le droit de faire de la publicité, mais un an plus tard, les juges suprêmes autorisaient les Barreaux à sanctionner les sollicitations abusives. Les avocats ont dépensé 59 millions de dollars en 1987 et plus de 100 millions de dollars en 1994 en publicité télévisée et les spots sont loin d'être toujours du meilleur goût : ainsi lorsque l'on incite les parents d'un enfant né avec une malformation à penser à l'avenir et accessoirement à intenter une action contre l'obstétricien qui a procédé à l'accouchement. Fort heureusement, la plupart des avocats se contentent de faire de la publicité dans les pages jaunes ou dans le métro new-yorkais. Quant aux grands cabinets, ils ne font aucune publicité directe : le bouche à oreille, les luxueuses brochures de présentation de leurs services et la présence aux séminaires et colloques « qui comptent » suffisent.

Chapitre VI

LA JUSTICE PÉNALE

Cette présentation de la justice aux États-Unis resterait bien incomplète si l'on n'abordait pas la justice pénale caractérisée par la présomption d'innocence et l'absence de garde à vue qui découle du fameux *Habeas Corpus* anglais. Les garanties accordées au justiciable en matière pénale sont importantes, elles sont inscrites principalement dans le *Bill of Rights*, c'est-à-dire les dix premiers amendements à la Constitution et ont été notablement accrues par la Cour suprême sous la présidence d'Earl Warren. Le déroulement du procès pénal est marqué par des éléments connus, essentiellement la procédure accusatoire qui fait la part belle aux avocats (et incidemment rend leur présence indispensable au respect d'une « procédure juste ») et le rôle du jury. Nous évoquerons aussi la procédure de négociation de l'inculpation ou de la peine *(plea bargaining)* en particulier sous l'angle de ses relations avec les garanties constitutionnelles. Précisons que le droit à un procès rapide est l'une d'entre elles et que les affaires pénales ont la priorité sur les affaires civiles.

I. — Les garanties constitutionnelles

L'une des caractéristiques du procès pénal aux États-Unis tient à l'existence des garanties constitutionnelles contenues dans le *Bill of Rights* et applicables d'abord au niveau fédéral ; puis après la guerre de Sécession, le XIVe amendement les a en théorie rendues aussi applicables aux États fédérés en vertu de la clause de procédure régulière *(due process)*. Cependant cette « incorporation » ne s'est pas faite immédiatement et ne sera dans certains domaines confirmée par la Cour suprême que dans les années 60.

Les grandes étapes de la procédure. — La première étape est l'enquête de police et cette dernière ne peut procéder à fouilles et perquisitions que si celles-ci sont régulières, c'est-à-dire s'il existe une probabilité suffisante qui permet au policier de penser que l'intéressé a commis une infraction. S'il est arrêté, le prévenu doit immédiatement être averti de ses droits (*Miranda warnings*, v. plus loin) et afin de protéger sa présomption d'innocence, il devra être immédiatement présenté au *Magistrate*. La décision d'engager les poursuites est appréciée en termes d'opportunité par le *Prosecutor* qui peut s'il ne classe pas l'affaire, en cas de décision de poursuite, saisir directement la cour de jugement s'il s'agit d'une infraction mineure *(misdemeanour)* ou en cas de *felony* (passible d'un an de prison ou plus) transmettre à un *grand jury* qui doit vérifier le bien-fondé de la poursuite. Puis, s'il n'y a pas négociation des charges *(plea bargaining)*, l'affaire vient en jugement devant un juge seul *(Bench Trial)* ou un juge et un jury *(Jury Trial)*.

Le IVe amendement. — Le IVe amendement protège les individus des fouilles et perquisitions déraisonnables par les pouvoirs publics qui doivent, pour obtenir un mandat, invoquer une cause probable (c'est-à-dire des soupçons suffisamment forts pour justifier une intrusion dans la vie privée des individus) et respecter les formes prévues par la loi et la jurisprudence, qui ont pour but de protéger les inculpés. Ces dispositions ont fait l'objet de décisions par la Cour suprême qui selon les époques s'est montrée libérale ou au contraire plus récemment moins protectrice des droits des prévenus. Depuis l'ère Warren, les preuves obtenues de façon illicite sont nulles et les poursuites doivent être abandonnées. C'est cette règle qu'on appelle la règle d'exclusion *(exclusionary rule)* qui, selon les critiques, a permis à de nombreux criminels d'échapper à la justice sur un point technique. La police et les victimes s'en sont beaucoup plaints et la Cour Rehnquist les a, semble-t-il, entendues ; en effet il est dorénavant possible d'arrêter un véhicule pour infraction au Code de la route puis de le fouiller et d'arrêter ensuite le conducteur pour possession de marijuana.

Le Ve amendement. — Le Ve amendement, qui est l'un des plus connus, est considéré comme étant à l'origine des garanties accordées aux individus pour les protéger de l'autorité des pouvoirs publics. En fait ces garanties s'appliquent essentiellement à la procédure pénale. Le Ve amendement garantit le droit à un *grand jury* (c'est-à-dire un jury dont le rôle est de se prononcer – au vu des éléments de preuve – sur la nécessité de traduire l'inculpé en jugement) et interdit qu'un même individu soit jugé deux fois pour le même crime *(guarantee against double jeopardy)*, ce qui explique que l'accusation ne puisse faire appel si le jury a rendu un verdict de non-culpabilité. Mais cette garantie n'empêche pas que l'affaire soit portée la deuxième fois devant une autre autorité souveraine. Dans l'affaire Rodney King, par exemple, l'État de Californie ne pouvait juger à nouveau les policiers impliqués et acquittés après le passage à tabac de King (quelles qu'aient été les conséquences du verdict d'acquittement qui est responsable de plus de 50 morts lors d'émeutes qui sont encore dans tous les esprits) ; par contre, le gouvernement fédéral le peut, sur les mêmes chefs d'inculpation ou sur d'autres et les policiers furent effectivement jugés ensuite par un tribunal fédéral pour violation des droits civiques de la victime. La raison est que chaque entité (étatique ou fédérale) est souveraine. Il en va de même pour un homme acquitté de viol par les juridictions de l'État de New York mais condamné ensuite par une juridiction fédérale pour violation des droits civiques de la victime. Dernier exemple, celui d'O. J. Simpson qui a fait l'objet d'un procès pénal puis ensuite d'un procès civil. Bien que jugé non coupable par un premier jury, il a été déclaré « responsable » des deux meurtres par un autre jury lors de l'action civile en réparation et demande de dommages et intérêts intentée par la famille de Ron Goldman. Cette différence de verdict qui rendit l'opinion (française) perplexe s'explique par la finalité différente des deux procédures et par le niveau différent de preuves requis. En matière pénale, il faut prouver « au-delà d'un doute raisonnable », alors qu'en matière civile, il suffit que ce soit plus probable que non.Cette double procédure ne constitue pas non plus une violation du principe de protection contre une double poursuite *(double jeopardy)*.

Le Ve amendement protège aussi l'inculpé en prévoyant qu'il ne peut être contraint à témoigner contre lui-même *(self-incrimination)* au moment de l'arrestation ou au procès si cela risque d'entraîner sa condamnation. Deux décisions *Mac Nabben* de 1943 et *Miranda* de 1966 ont contribué à protéger les prévenus contre un comportement inadéquat de la police. C'est dans *Miranda v. Arizona* que se trouve réaffirmée et confirmée la fameuse obligation faite à la police d'avertir le suspect de son droit à garder le silence et à bénéficier de l'assistance d'un avocat. La Cour suprême présidée par Earl Warren accepte l'affaire et faisant référence à chiffres et à études sociologiques met en lumière les bavures et dérapages de la police et le désarroi psychologique (la coercition physique n'est plus le problème principal selon les juges suprêmes) des suspects, soumis à la classique alternance entre manœuvres d'intimidation et démonstrations amicales, et en conséquence prêts à avouer et signer n'importe quoi. D'où l'importance pour les juges suprêmes de la nécessité d'informer spécifiquement l'accusé de son droit à garder le silence et/ou à bénéficier de la présence de son avocat. Dès lors que l'individu indique qu'il veut garder le silence, c'est qu'il entend exercer son privilège garanti par le Ve amendement et donc tout interrogatoire doit cesser. Les juges suprêmes cassent donc la décision de la cour d'Arizona mais, très divisés, soulignent qu'ils sont conscients des critiques qui ne manqueront pas d'être élevées contre cette « prime au crime » qui empêche la police de faire son travail. Ils insistent aussi sur le rôle important des confessions recevables lorsqu'elles sont obtenues dans les conditions requises. Les présidents Reagan et Bush ont violemment critiqué cet arrêt et pourtant les chiffres semblent montrer que ce standard de conduite plus strict a permis de meilleurs résultats en termes d'arrestation et de condamnation.

Le Ve amendement permet à l'inculpé de ne pas témoigner contre lui-même *(self-incrimination)* au procès si cela risque d'entraîner une condamnation. C'est ainsi que O. J. Simpson a pu ne pas témoigner à son procès pénal mais cette protection n'existant pas en matière civile, il a alors dû répondre à diverses questions de façon pas toujours convaincante lors du second procès (civil). Cette protection contre *self-incrimination* est assise sur le droit au silence reconnu par la *common law* et a fait l'objet d'interprétations successives par la Cour suprême. Dans *Twinning v. New Jersey* (1908), la Cour a d'abord refusé de considérer cette garantie comme un droit fondamental et a affirmé qu'elle constituait seulement une règle importante en matière de preuve. Puis, elle a opéré un revirement de jurisprudence dans l'affaire *Malloy v. Hogan* de 1964, affirmant que cette règle s'applique aussi aux États.

Bien que le Ve amendement garantisse aussi le droit à une procédure régulière *(due process of law)* et celui de ne pas être exproprié sans une juste compensation, on a tendance à assimiler V^{e} amendement et *protection against self-incrimination*, car cette règle reflète bien la réticence des Américains à forcer quiconque à témoigner contre lui-même. Cette règle fait partie intégrante du dispositif de nature accusatoire (et non inquisitoire comme l'est la procédure pénale en France) qui prévaut aux États-Unis. Pourtant, historiquement cela n'a pas toujours été le cas et pendant le Mac Carthysme, les individus qui invoquaient le Ve amendement pour ne pas témoigner devant la commission d'enquête du Congrès se voyaient qualifier de *Fifth Amendment Communists* et sanctionnés par des pertes d'emplois et le vide créé autour d'eux.

Le VIe amendement. — Le VIe amendement garantit le droit à un procès rapide. Cela n'empêche pas certains inculpés de « moisir » en prison quelques années avant d'être jugés, mais la Cour suprême considère généralement que compte tenu des circonstances et de l'encombrement des tribunaux, ce délai n'est guère évitable. Il faut aussi souligner que ce sont souvent les avocats de la défense qui font parfois tout pour retarder la date du procès et accumulent demandes de renvoi et diverses mesures dilatoires. Le VIe amendement garantit aussi un jury impartial, ce qui n'est pas toujours facile à obtenir lorsqu'une affaire a fait la « une » des journaux, comme pour l'affaire O. J. Simpson. Idéalement, il faudrait des individus n'ayant ni lu la presse ni regardé la télévision au cours des six mois précédant le procès, ce qui paraît difficile à trouver au pays de Mac Luhan et sans doute peu souhaitable quant au civisme de la personne. Cette exigence d'impartialité pose le problème de l'utilisation des récusations dont les deux parties se servent pour éliminer les jurés qui leur paraissent devoir poser problème, ainsi celle de tous les Noirs par l'accusation dans un procès où un Noir est accusé de meurtre ou de viol. La Cour suprême a apporté des débuts de réponse dans l'affaire Batson à l'épineuse question du conflit entre droit à un jury impartial (pour l'accusé) et droit d'un juré à ne pas être évincé du jury pour des raisons de race, et de plus en plus de groupe ethnique ou de sexe. L'inculpé jouit également du droit d'être informé de la nature des charges qui pèsent contre lui et d'être confronté aux témoins de l'accusation. Il a enfin le droit d'être assisté par un avocat et depuis l'affaire *Gideon v. Wainwright* de 1963 un avocat est commis d'office si le prévenu n'a pas les ressources suffisantes pour le rémunérer, et pas seulement s'il s'agit d'une affaire jugée par une juridiction fédérale et passible de la peine de mort. Ce point est examiné en détail dans le développement consacré à l'accès à la justice et l'égalité devant la justice (v. chap. VII).

Le VIIIe amendement. — Le VIIIe amendement prévoit la mise en liberté sous caution et interdit les amendes et cautions excessives (qui reviendraient à empêcher la mise en liberté sous caution avant le procès) ainsi que les sanctions cruelles ou inhabituelles. La mise en liberté sous caution n'est pas un droit absolu et la réforme de 1984 augmente le pouvoir discrétionnaire du juge d'accorder ou non la libération sous caution avant le procès. Afin de mettre et de maintenir en détention un prévenu mis en examen, le ministère public doit démontrer par des preuves claires après une audience contradictoire qu'aucune condition ne saurait raisonnablement assurer la sécurité de la collectivité. Il peut aussi faire apparaître par une *preponderance of evidence* que l'inculpé risque de s'enfuir et de ne pas comparaître.

Afin de se déterminer, le juge doit prendre en compte quatre facteurs : la nature et les circonstances de l'infraction, le poids des preuves retenues contre l'inculpé, le passé et le caractère du prévenu, et en dernier lieu la nature et le sérieux du risque qu'aurait à supporter la collectivité en cas de libération sous caution de l'inculpé. S'il accorde la libération sous caution, le juge dispose de plusieurs options ; dans la première *(release on personal recognizance or bond)*, l'inculpé est relâché en échange d'une caution. L'inculpé peut aussi être relâché à certaines conditions telles que l'obligation de se présenter régulièrement à la police ou de ne pas sortir la nuit, de respecter un couvre-feu, ou encore d'être confié à la garde d'un tiers. Le juge peut enfin opter pour la détention lorsqu'aucune conjonction de conditions n'est susceptible d'assurer raisonnablement la comparution du prévenu et la sécurité de la collectivité.

Le deuxième volet du VIIIe amendement protège contre les sanctions cruelles ou inhabituelles. C'est celui qui est invoqué par les adversaires de la peine de mort et lorsque les conditions de détention sont tellement épouvantables qu'elles équivaudraient à une violation du VIIIe amendement. Dans ce domaine aussi, le contraste est grand entre l'attention portée aux prisonniers et à leurs revendications dans les années 60 et 70 et la situation actuelle où les intérêts du personnel pénitentiaire et la protection des victimes ont clairement la priorité (*Wilson v. Seiter* de 1991 et *Farmer v. Brennan* de 1994).

Le XIVe amendement. — Le XIVe amendement, ratifié en 1868 reconnaît pour la première fois l'existence d'un citoyen des États-Unis, distinct du citoyen d'un des États fédérés. Et ce citoyen ne peut se voir privé de « sa vie, sa liberté ou ses biens sans une procédure régulière *(due process)* ». On ne peut non plus lui refuser l'égale protection des lois. C'est sur ces deux éléments que s'est appuyée la Cour Warren pour élargir les droits des justiciables.

La clause de *due process* qui vient compléter celle du Ve amendement et s'applique aux États se décompose en une garantie au fond *(substantive due process)* et une garantie procédurale *(procedural due process)*. Elle garantit à tout inculpé le droit d'être présent au procès, après avoir été notifié dans les formes, celui d'être entendu, de contester tout élément de preuve ayant trait à l'affaire ainsi que de bénéficier du droit à un avocat commis d'office.

II. — Le « plea bargaining » ou arrangement négocié

Lorsque l'on récapitule ces différentes garanties, on constate qu'elles interviennent à tous les stades de la procédure : arrestation, interrogatoire, libération sous caution, jugement, droit au jury. Pourtant ce tableau optimiste doit être nuancé en raison de l'encombrement du système judiciaire et du nombre élevé d'affaires qui aboutissent à un *plea agreeement*. L'un des traits caractéristiques du système américain tient en effet au fait que seules 10 % des affaires viennent en jugement. Dans près de 90 % des affaires pénales aux États-Unis, les inculpés plaident coupables et négocient la sentence par l'intermédiaire de leur avocat directement avec le procureur.

Le *plea bargaining* est une procédure en vertu de laquelle les personnes accusées d'une infraction plaident coupables d'infractions moins graves en échange d'une peine préétablie ou d'une réduction des charges retenues contre elles. Ce sont généralement le ministère public et l'avocat de la défense qui négocient entre eux, parfois mais pas nécessairement en présence d'un juge. Les modalités de détail varient selon les juridictions : parfois seules les inculpations peuvent être négociées car l'État pratique une politique de peines fixes *(mandatory sentencing)* ; parfois ce sont les peines qui peuvent être réduites.

Un procès est toujours long et coûteux en raison de la présence obligatoire d'un jury et la simple sélection d'un jury peut prendre plusieurs jours ou semaines – onze semaines dans l'affaire Simpson et six dans le procès de Timothy MacVeigh dans l'attentat d'Oklahoma City – et donc immobiliser le juge pendant cette période. C'est pourquoi le système du *plea bargaining* permet à la justice et à l'organisation judiciaire de ne pas « exploser » malgré l'augmentation du nombre des litiges et l'encombrement des tribunaux qui en résulte – l'un des problèmes majeurs de la justice américaine. Mais le *plea bargaining* pose aussi problème dans la mesure où les inculpés renoncent à trois de leurs garanties constitutionnelles : le droit à ne pas témoigner contre soi-même, le droit à un jury et le droit à un contre-interrogatoire. C'est pourquoi la Cour suprême a été amenée à se prononcer sur la constitutionnalité de cette procédure. Dans *Boykin v. Alabama* (1969), elle précise que les comptes rendus doivent mettre en évidence que l'inculpé a plaidé coupable volontairement et en toute connaissance de cause. Dans *Brady v. United States* (1970), elle affirme que le caractère du *guilty plea* n'est pas vicié par la crainte d'une condamnation plus lourde et dans *Santobello v. New York* (1971) elle répète que le *plea bargaining* est une composante essentielle de l'organisation judiciaire et doit être encouragée si elle est utilisée avec discernement.

Il demeure d'autres craintes suscitées par la procédure de *plea bargaining* : risque de coercition, d'injustice vis-à-vis des inculpés selon leur degré de connaissance du système, les qualités de négociateur de leur avocat et sa pugnacité, selon que celui-ci est commis d'office ou non, selon que le juge fait pression ou non pour qu'un accord soit obtenu hors de « son » tribunal, contribuant ainsi à le désengorger. Ces facteurs d'inégalité sont d'ailleurs aussi présents en l'absence de *plea bargaining* et sont inévitables. *A contrario,* on peut aussi reprocher au système de faire preuve d'indulgence excessive, de contribuer à la diminution ou même la disparition de la fonction de dissuasion et de mettre en place une justice à la chaîne.

Chapitre VII

LA JUSTICE AMÉRICAINE EST-ELLE JUSTE ?

Au-delà de ce panorama essentiellement descriptif, il est tentant d'aller plus loin et se demander comment la justice américaine fonctionne dans les faits et au quotidien. Se demander si elle est « juste » revient certes à porter un jugement de valeur sur des éléments difficiles à définir et par rapport à des critères absolus qui sont de peu d'utilité. Qu'est-ce qu'une justice juste ? A défaut de pouvoir répondre exactement, il est possible de dresser une première liste de critères sur lesquels le consensus peut se faire. On peut admettre qu'une condition préalable est l'existence d'une organisation judiciaire dotée de suffisamment de ressources pour fonctionner de façon satisfaisante et rendre la justice dans des délais acceptables avec un minimum d'erreurs judiciaires (difficiles à identifier par définition). Cette justice doit idéalement être ouverte au plus grand nombre et dans les mêmes conditions, que le justiciable soit instruit ou non, riche ou pauvre, noir ou blanc et ce dernier doit disposer d'un maximum de garanties, tout particulièrement au pénal. Cet idéal vers lequel il faut tendre n'existe ni aux États-Unis ni en France et peut-être est-ce inévitable. A ce constat pessimiste s'ajoute un second qui tient à la nature même de l'institution judiciaire. Sa fonction est d'appliquer la loi mais celle-ci n'est pas nécessairement juste ou perçue comme juste par la majorité. Quel est alors le rôle de la justice ? « rendre la justice » (en appliquant une loi jugée injuste par qui et selon quels critères ?), ne pas appliquer la loi en attendant que le législateur mette la loi en conformité avec l'évolution sociale ? Les juges américains, et particulièrement ceux de la Cour suprême montrent périodiquement qu'une troisième voie existe qui consiste à forcer la main au législateur. Cette ambiguïté du rôle de la justice est perceptible dans le cas de la *Legal Services Corporation* (v. plus loin) : doit-elle se contenter d'améliorer l'accès à la justice ou œuvrer pour une modification de la loi existante ?

En tout état de cause, l'existence d'une organisation judiciaire, de juges, d'avocats, de règles de droit et de procédure ne suffit pas pour que justice soit rendue. Des principes essentiels comme l'égalité devant la justice doivent ne pas rester lettre morte et d'autres principes essentiels ne doivent pas être bafoués par les médias. Nous aborderons la crise de la justice, l'accès à la justice, l'égalité devant la justice et le conflit potentiel entre liberté d'informer et justice sereine et juste.

I. — La crise de la justice

Une justice lente et encombrée à deux doigts de la faillite. — Ce n'est pas un hasard si le Barreau américain, l'*American Bar Association* a lancé un cri d'alarme en 1992 et a décidé de s'attaquer au déficit de justice en fixant comme thème du Congrès annuel de l'ABA en 1992 *Justice for All and All for Justice.* Et l'objectif n'était pas seulement, comme cela a été dit, de redorer le blason bien terni des avocats rendus responsables tout à la fois de la crise de la justice, des excès en matière de responsabilité délictuelle, de la crise de l'assurance et de la perte de compétitivité des entreprises et des produits américains. Il s'agissait aussi de mobiliser les ressources de tous, afin que le droit à une justice pour tous qui figure dans la déclaration d'allégeance, devienne réalité. Or, pour le moment la réalité est bien différente : l'accès égal à la justice n'existe pas et la situation, loin de s'améliorer, se détériore chaque jour davantage du fait de la crise financière à laquelle la justice se trouve confrontée. De nombreux États sont au bord de l'asphyxie, dont la Californie. Une étude de la commission spéciale de l'ABA consacrée au financement du système judiciaire a bien mis en lumière ce risque réel d'éclatement par manque de financement. A titre d'exemple, les budgets consacrés à la justice ont été réduits dans 25 États en 1991 et dans plus de 30 en 1992. Plus de 20 États ont dû licencier du personnel dans les tribunaux. Dans certains tribunaux, on refuse d'accepter de nouvelles affaires, et dans d'autres il n'y a plus d'argent pour fournir des avocats aux plus démunis.

Le cas de la Californie et de l'État de New York. — Avec 200 tribunaux, 1 800 officiers de justice et 17 000 employés pour une population de 31 millions d'habitants, la Californie a le plus grand système judiciaire au monde ; mais celui-ci traverse de grandes difficultés dues à l'explosion du contentieux, au changement de nature des affaires qui deviennent plus complexes et aux coupes budgétaires qui ont des répercussions dans tous les domaines. Si la tendance se poursuit dans un État dont on projette une population de 50 millions d'ici vingt-cinq ans, les tribunaux ne pourront plus faire face ou devront abandonner leurs méthodes traditionnelles.

La Californie n'a pas assez de juges : 7 juges à la Cour suprême de l'État, 789 siègent dans les juridictions supérieures et 670 dans les tribunaux d'instance (en théorie du moins car 10 % environ des sièges sont en permanence en voie d'être pourvus), soit un taux extrêmement bas de 2,14 juges pour 100 000 personnes, le chiffre étant de 3,28 pour un autre État très peuplé et connaissant aussi une explosion du contentieux, New York. Et malgré les nombreux juges à la retraite qui offrent bénévolement des milliers d'heures de leur temps, cela ne suffit pas. En effet, si on note une apparente diminution du nombre des affaires entre 1990 et 1995, 9,5 millions d'affaires nouvelles ont néanmoins été portées devant les tribunaux en 1993-1994 et ce sont des affaires de plus en plus complexes ; ainsi moins d'infractions au Code de la route mais davantage d'affaires délicates et donc consommatrices de temps (enlèvement d'enfant, violence conjugale). En matière pénale, les *felonies* (infractions passibles d'un an de prison ou plus) ne représentent que 4 % (en nombre) des affaires mais 39 % si le critère est le temps passé (en 1993-1994). Plusieurs autres facteurs contribuent à engorger la justice particulièrement en Californie : plus de 9 000 procès avec jury en 1993-1994, dont 60 % d'affaires pénales et 20 % d'affaires de responsabilité civile.

Par ailleurs, la Californie est un État multiracial et multiculturel dans lequel plusieurs dizaines de langues sont parlées ; si l'égalité devant la justice existe ailleurs que sur le papier, cela veut dire une diversification ethnique accrue du Barreau californien et des sommes importantes consacrées à la formation et l'information de justiciables non familiarisés avec le système juridique et judiciaire américain ; cela implique aussi la présence d'interprètes dans le maximum des langues parlées dans l'État. Pourtant, la justice n'est pas prioritaire dans les dépenses de l'État et celles des comtés (qui interviennent à hauteur de 40 % environ dans le financement des tribunaux de première instance). Le coût de la justice est de 63 $ par habitant à comparer avec 530 $ pour ce qui touche à la santé et au *Welfare* (prise en charge des familles démunies).

La situation n'est guère plus brillante dans l'État de New York où, comme dans pratiquement tous les États, l'explosion du contentieux rend nécessaire les créations de postes, mais il se pose un double problème. Non seulement il faut trouver les ressources financières, mais il faudrait aussi susciter des vocations et celles-ci se font rares ; c'est ce qui explique les efforts entrepris pour « revaloriser » la profession de juge. En effet, les salaires des juges n'y avaient pas été réévalués depuis 1987, ce qui avait entraîné une nette détérioration de leur situation matérielle, et c'est seulement en 1994 que les juges ont finalement vu leurs salaires augmenter : 129 000 $ pour le président de la cour d'appel, 113 000 $ pour les juges de la Cour suprême (juridiction de première instance) de l'État, et 113 000 ou 99 000 $ pour les juges aux affaires familiales, selon qu'ils siègent à New York ou en dehors de la ville.

Si l'on étudie les chiffres des affaires nouvelles intentées dans l'État de New York, on constate que sur les 3,7 millions qui sont enregistrées et les 3,4 millions qui viennent en audience, 37 % sont de nature pénale, 38 % de nature civile (ce qui inclut le commercial) et 21 % touchent au droit de la famille. Et chacune de ces catégories est en augmentation rapide, 51 % par rapport à 1985 en matière pénale (77 000 condamnations pour des « crimes » *(felonies)*, passibles d'un an de prison ou plus) et + 180 % entre 1982 et 1992 pour les affaires touchant au droit de la famille.

Raisons de la crise. — Certes les Américains ont facilement recours à la justice et c'est à juste titre qu'on les qualifie de procéduriers. C'est vrai des individus comme des personnes morales qui ont un mode de fonctionnement contractuel et se tournent pour la résolution de leurs problèmes, aussi bien vers le droit des États que vers le gouvernement fédéral compétent en matière de lutte contre la discrimination en matière d'emploi, de protection de l'environnement et de brevets, par exemple. Et en raison de cette complexité des règles juridiques, l'omniprésence du droit est à la fois cause et conséquence de la prolifération des *lawyers* (60 000 nouveaux inscrits en 1994, 5 000 spécialisés en droit de l'environnement pour le seul État de Californie). Ceux-ci sont accusés de tous les maux et en particulier de contribuer à encombrer les tribunaux par leurs comportements irresponsables et de gaspiller l'argent du contribuable, comme dans l'affaire du *Superfund*, dont on sait que 50 % des sommes disponibles en théorie pour nettoyer des sites contaminés partent en frais de justice et honoraires d'avocats.

Nous avons vu que les entreprises ont tendance à se détourner des tribunaux pour leur préférer l'arbitrage ou le recours aux modes alternatifs de résolution des conflits (ADR) mais cela ne représente qu'une toute petite partie des affaires. En 1990, le nombre de nouvelles affaires intentées devant les tribunaux américains a dépassé pour la première fois les 100 millions et les délits en matière de possession et de trafic de drogue contribuent très largement à bloquer la machine judiciaire. Pourtant, les procès abusifs ne sont qu'une toute petite minorité.

Faisant un amalgame hâtif entre affaires fédérales et dans les États, de nature civile et pénale, les critiques attribuent cet engorgement et les abus qui l'accompagnent au goût des Américains pour le contentieux et la chicane, et accusent les avocats jugés responsables de la perte de compétitivité des entreprises américaines. Il y a un fond de vérité, le vice-président Dan Quayle avait dénoncé le nombre trop élevé d'avocats aux États-Unis : *Does America really need 70 % of the world's lawyers ?* Et même si les avocats tentent de contre-attaquer et de redorer leur blason bien terni, l'opinion publique n'est pas en leur faveur : tous les sondages en témoignent. Le président Bush avait promis de mettre fin aux procès abusifs qui, s'ils enrichissent les avocats, appauvrissent la nation et sapent la compétitivité des entreprises. A cause des dommages et intérêts accordés, les primes d'assurance ont grimpé dans les années 80 et certaines entreprises n'ont eu comme choix que de répercuter la hausse des primes d'assurance sur leurs clients, de risquer le dépôt de bilan en renonçant à s'assurer (lorsque c'était encore possible) ou bien de bannir toute innovation susceptible de se révéler dangereuse. Fabriquer des casques de moto, des stérilets ou des vaccins est devenu une activité à haut risque et c'est ainsi que les entreprises voient leur compétitivité diminuer. C'est la thèse soutenue par Peter W. Huber dans ses ouvrages. D'autres, comme l'universitaire Marc Gallanter insistent sur les avantages d'un système qui contraint les fabricants à la prudence et à la diligence et à l'amélioration de la sécurité des produits.

Les avocats sont-ils seuls responsables de la crise ? — Cette attaque en règle contre les avocats découle en fait de plusieurs assimilations plus ou moins abusives et devrait se limiter aux avocats de la défense, les *plaintiff lawyers* et *trial attorneys* qui se rémunèrent sur les dommages et intérêts qu'ils peuvent obtenir pour leurs clients victimes d'un accident de la route ou de tout autre comportement passible des tribunaux. Ce sont en effet ces avocats qui ont permis à des victimes innocentes et désarmées d'obtenir réparation mais ils ont aussi fait monter les enchères au milieu des années 80, obtenant des dommages et intérêts très élevés dont ils conservaient parfois jusqu'à la moitié, causant ainsi la faillite ou la cessation d'activité d'entreprises et déclenchant une véritable crise de l'assurance.

Mais les dérapages ne sont pas uniquement dus aux avocats et tiennent aussi, selon Walter K. Colson *(The Litigation Explosion)* à la trop grande souplesse des règles de procédure (qui permettent aux victimes d'intenter aisément et de gagner leur action), à l'ampleur de la procédure de *discovery* – à quoi il faut ajouter d'autres spécificités du droit américain : le nombre des *class actions* qui permettent à plusieurs victimes d'un même préjudice de se regrouper et d'intenter une action commune, et surtout la présence du jury en matière civile et pénale. Lorsque l'on sait que la simple sélection des jurés qui est essentielle quant à l'issue du procès peut prendre à elle seule plusieurs semaines, on comprend mieux l'engorgement de la justice et les efforts faits pour amener les victimes d'un accident à transiger et les prévenus à négocier leur peine.

Mais il faut relativiser : c'est vrai que les Américains sont procéduriers, que certains traits du système américain les encouragent dans cette voie ; c'est vrai également qu'ils ont l'habitude de chercher et de trouver la solution à leurs litiges et aux grandes questions nationales devant les tribunaux. Rappelons que ce sont les tribunaux qui sont à l'origine aussi bien du démantèlement d'ATT que de la déségrégation dans les écoles, et que c'est devant les tribunaux que le problème de la nocivité du tabac et de la responsabilité de ses fabricants est en train de trouver un début de solution : deux verdicts sévères ont été obtenus fin 1997 en faveur du Massachusetts et de la Floride.

Il est également vrai qu'en dépit des critiques faites à l'encontre de l'appareil judiciaire, celui-ci est de plus en plus sollicité et que la grande majorité des affaires sont de petites affaires « justifiées » : d'une certaine manière, la justice est victime de son succès. Et les médias montent en épingle les affaires qui ont des relents scandaleux et/ou accrocheurs ou dont l'issue implique des acteurs connus (Mac Donald condamné parce que la victime s'est brûlée avec du café trop chaud) et/ou met en jeu des millions : BMW condamné à verser 3 millions de dollars de dommages et intérêts pour avoir repeint une voiture neuve sans en aviser l'acheteur (avant que la cour d'appel ne réduise la somme – preuve qu'il existe certains garde-fous).

La réforme du droit de la responsabilité délictuelle. — Le problème dépasse ici celui de la justice et touche au droit de la responsabilité délictuelle, c'est-à-dire des affaires dans lesquelles une victime subit un préjudice et demande réparation sous forme de dommages et intérêts. Après la crise du milieu des années 80, la situation s'est maintenant stabilisée, en partie parce que les États qui sont compétents en matière de responsabilité délictuelle ont légiféré pour limiter les dommages et intérêts « de sanction », plafonner le pourcentage d'honoraires que les avocats peuvent prélever sur les dommages et intérêts alloués et mettre en œuvre des sanctions en cas de procès ou d'appel abusif. Au plan fédéral, on a pu espérer que le Congrès voterait le *Common Sense Act* de 1996 destiné à uniformiser les règles du jeu, d'autant que c'était une priorité pour les républicains dans la foulée de la victoire républicaine en 1994 et du *Contract with America*. La loi fut votée mais se heurta au veto du président Clinton s'abritant derrière la protection du consommateur mais aussi très sensible aux arguments des *trial lawyers* pour qui la situation actuelle est une aubaine et qui lui ont versé de significatives contributions électorales en 1995-1996.

Crise de la justice pénale et effets pervers du durcissement législatif. — Bien que la criminalité tende à baisser depuis 1995, les séquelles de la situation précédente continuent d'encombrer la machine judiciaire et le système pénitentiaire. La réponse des États devant la montée de la criminalité a généralement été l'adoption de lois plus sévères du type *three stikes and you're In*, avec la bénédiction de la population mais sans que soient prévues et prises en compte les conséquences de ces mesures qui posent plusieurs types de problèmes.

Une quinzaine d'États ont voté des lois du type *three stikes and you're In* en vertu desquelles à la troisième infraction grave le juge doit appliquer la peine maximum prévue par la loi, peine qui devra être exécutée en totalité ou presque (quarante ans au minimum au Texas) sans possibilité de libération conditionnelle et sans que le juge puisse user d'un quelconque pouvoir discrétionnaire. C'est le cas en Californie, dans le Colorado, le Connecticut, l'Indiana, le Maryland et l'État de Washington parmi d'autres. Ces réformes viennent s'ajouter à l'adoption au niveau fédéral de « lignes directrices en matière de fixation de la peine » qui visent aussi à diminuer la part discrétionnaire du juge et à rapprocher la peine théorique à laquelle l'accusé est condamné et la peine effectuée qui est souvent inférieure à 40 % de la première.

Si l'efficacité des mesures de sévérité est contestée, certains effets pervers apparaissent déjà ainsi que quelques résultats aberrants comme la condamnation d'un dénommé Jerry Williams à vingt-cinq ans de prison pour vol de pizza (venant il est vrai après deux condamnations pour *felony*). Les lois *three stikes and you're In* ne laissent guère de marge de manœuvre à l'accusation qui doit poursuivre et au juge qui doit en théorie appliquer la loi mais qui parfois « correctionnalise » certains crimes afin d'échapper au caractère automatique de la loi.

La première conséquence de cet état de choses est grave à terme car cela risque d'entraîner le blocage et/ou l'explosion de la machine judiciaire ; celle-ci ne survit que parce que 10 % seulement des affaires criminelles viennent en jugement, les 90 % restant faisant l'objet d'un arrangement entre l'accusation et la Défense. Or, on assiste à une diminution du nombre de ces « arrangements négociés » ; en Californie, le chiffre est tombé à 14 % pour la deuxième infraction grave et à 6 % pour la troisième. Les autres prévenus plaident coupables et doivent donc être jugés, ce qui représente une ponction considérable de ressources humaines et financières, s'inquiète Gil Garcetti, Procureur général du comté de Los Angeles.

Une autre conséquence est l'augmentation du nombre des prisonniers : 300 000 en 1980 et 1 million en 1994 (Bureau of Justice Statistics, juin 1994) et ce chiffre continue de croître, ce qui implique la construction de toujours davantage de prisons, sans doute une vingtaine d'ici à 2020 pour un coût d'au moins 21 milliards de dollars à répartir sur trente ans. Ainsi, sur les 30,2 milliards de dollars votés en 1994 dans le cadre de la loi anti-criminalité, 9,7 étaient affectés à la construction de prisons. Les dépenses fédérales de fonctionnement du système pénal, quant à elles, sont passées de 4,6 milliards de dollars en 1980 à 16,5 milliards de dollars en 1994. Et le coût total pour les gouvernements locaux et les États est actuellement de

65 milliards de dollars dont 23,5 pour le seul hébergement des détenus.

L'encombrement des prisons a pour conséquence la ponction des ressources de l'État pour faire face aux grands programmes de construction de prisons et aux frais de fonctionnement des établissements pénitentiaires ; ceux-ci ont augmenté de 373 % entre 1980 et 1992. Et ces dépenses se font au détriment d'autres secteurs prioritaires comme l'éducation ou les dépenses d'infrastructure. Ainsi au Texas les électeurs ont voté une émission d'obligations de plusieurs millions de dollars destinés à financer la construction de prisons mais ont rejeté un emprunt d'un montant inférieur destiné à l'éducation. Les électeurs sont en effet favorables dans une large majorité (79 %) à une sévérité accrue, et même si cela doit se faire au détriment d'autres programmes (74 % des personnes interrogées).

Cette tendance ne peut se prolonger indéfiniment sans risquer de faire exploser le système, d'où l'intérêt d'initiatives visant à ne garder en prison que les récidivistes de crimes graves et à s'orienter vers les suivis de désintoxication ou le contrôle électronique à distance des petits délinquants.

II. — L'accès à la justice

Un égal accès à la justice impliquerait au moins une égale familiarisation avec ses rouages, ses concepts et ses raisonnements et l'absence de barrières financières. Certains sont plus ambitieux et estiment que le minimum serait une justice performante et des méthodes plus respectueuses de la dignité du justiciable. Bien que des efforts soient faits et des progrès accomplis, le mieux qui puisse être assuré est de donner la possibilité aux plus démunis de se faire assister par un avocat même lorsqu'ils n'en ont pas les moyens financiers. Cette garantie est inscrite dans la Constitution en matière pénale mais pas en matière civile ; et dans les deux cas, l'aide judiciaire pose un problème de ressources insuffisantes. Pour le moment une réelle égalité d'accès à la justice n'existe pas et la situation, loin de s'améliorer, se détériore chaque jour davantage du fait de la crise financière à laquelle la justice se trouve confrontée. De nombreux États sont au bord de l'asphyxie et l'un des pivots de l'aide judiciaire, la *Legal Services Corporation* (LSC) voit son budget régulièrement réduit et son existence remise en cause par les républicains et les conservateurs de tous crins qui lui reprochent d'être trop libérale.

L'accès à la justice, c'est la possibilité de faire reconnaître ses droits et de bénéficier de l'assistance d'un avocat, même si on n'a pas les moyens de le payer soi-même et quel que soit son niveau d'éducation. Les États-Unis ont une longue tradition philanthropique et la place occupée en Europe par l'État l'a longtemps été par de riches particuliers et par le bénévolat de certains avocats qui acceptent de défendre leur client gratuitement. C'est vrai aussi que grâce au système des *class actions* et des *contingency fees*, les victimes d'accidents, en matière de responsabilité du fait des produits, de dommages causés à l'environnement ou plus prosaïquement d'accidents du travail ou de la circulation, ont la possibilité de faire appel à un avocat sans devoir débourser la moindre avance d'honoraires. Ils paieront, uniquement s'ils obtiennent gain de cause, un pourcentage des dommages et intérêts obtenus. Cela veut dire que c'est l'avocat qui fait l'avance des frais d'enquêtes, d'expertise, de préparation des témoins, avec le risque de ne pas rentrer dans ses frais s'il perd le procès. Pourtant, l'accès aux *contingency fees* n'est pas réservé aux justiciables démunis (ce qui les justifierait en soi) mais au contraire ouvert aux plus riches (et aux affaires lucratives). Par ailleurs, il ne concerne pas le pénal.

Aux États-Unis, l'aide judiciaire recouvre plusieurs réalités, l'aide fédérale pour les procès criminels jugés par les juridictions fédérales (financée par le gouvernement fédéral), l'aide des États pour les procès criminels portés devant les tribunaux étatiques (financée par les États au niveau de l'État ou du comté). Il est important de bien distinguer ces deux aides, qui touchent au droit pénal et permettent de garantir le droit à un avocat en matière pénale (prévu par le VIe amendement), de l'aide civile qui n'est pas une obligation constitutionnelle et est moins développée ; elle repose essentiellement sur des associations d'aide judiciaire privée, des subventions des États et du gouvernement fédéral (via la LSC) et surtout la bonne volonté et le bénévolat des avocats.

L'aide judiciaire pénale. — En matière pénale, le VIe amendement stipule que l'accusé aura droit à l'assistance d'un avocat pour sa défense. Cette petite phrase simple pose plusieurs questions auxquelles la Cour suprême a répondu au fil des années, affirmant que cette disposition s'applique aux poursuites intentées devant les juridictions fédérales, d'abord pour les affaires passibles de la peine de mort, puis pour les *felonies* non passibles de la peine capitale. En ce qui concerne les affaires jugées par la juridiction d'un État, la protection peut venir de la Constitution de cet État ou de la Constitution des États-Unis et d'une interprétation libérale du VIe amendement. Les dispositions similaires au VIe amendement contenues dans les Constitutions des États ont longtemps été interprétées de façon restrictive : seul l'inculpé qui avait les moyens financiers jouissait en fait du droit à un avocat.

En 1932, la Cour suprême affirme pour la première fois dans *Powell v. Alabama* le droit à un avocat (commis d'office) dans les affaires passibles de la peine capitale « lorsque le défendant est indigent et que son ignorance, sa faiblesse intellectuelle ou son analphabétisme l'empêchent de conduire sa propre défense». Dans ces circonstances, seule la présence d'un avocat permet de garantir la procédure régulière *(due process)* garantie par le XIVe amendement. Puis en 1961 dans *Hamilton v. Alabama,* la juridiction suprême élargit le droit à un avocat commis d'office à tous les cas passibles de peine capitale, quelles que soient les circonstances.

Et c'est en 1963 qu'est rendue la fameuse décision *Gideon v Wainwright* dans laquelle les juges suprêmes décident que le XIVe amendement incorpore le VIe, obligeant ainsi les États à garantir aux accusés indigents un avocat commis d'office. Historiquement, il a donc fallu attendre cent trente années pour que le droit à un avocat garanti par le VIe amendement ne soit plus réservé aux nantis et soit reconnu aux indigents. C'est depuis cette date qu'un inculpé indigent a un droit automatique à un avocat dans les affaires sérieuses de nature pénale. Et en 1972, la solution *Gideon* est imposée pour les *misdemeanours* passibles d'une peine privative de liberté dans l'affaire *Argesinger v. Hamlin* (1972).

En bref, l'assistance d'un avocat est essentielle à tous les stades et elle est garantie aux étapes clés de la procédure : phase policière et interrogatoire, audience préliminaire et audience de jugement et lors du premier appel mais pas aux phases jugées non critiques comme la procédure devant le *grand jury* ou lors d'un recours en *Habeas Corpus*. Les États peuvent aller plus loin que les garanties constitutionnelles et le justiciable de son côté a tout loisir de renoncer à l'une ou à plusieurs de ces garanties.

L'aide judiciaire pénale dans la réalité. — Concrètement, il existe deux systèmes, l'équivalent de l'avocat commis d'office et le *Public Defender* (PD). A l'est, les initiatives privées priment. Au XIXe siècle, la *Legal Aid Society* créée à New York, est une association à but non lucratif financée sur donations charitables, d'avocats en particulier, qui met en place la représentation des inculpés indigents en matière pénale. A Philadelphie en 1930, la *Defender Association of Philadelphia* apporte aussi son assistance aux inculpés ne pouvant se payer les services d'un avocat.

Sur la côte Ouest, les institutions charitables et philanthropiques n'ont jamais joué le rôle qu'elles ont joué à l'Est, ceci pour des raisons essentiellement historiques et géographiques. Les États ont donc dû mettre en place des systèmes de financement public de façon à garantir effectivement les droits constitutionnels reconnus aux accusés. Ce fut la création des *Public Defenders* (PD) qui existent actuellement sur la quasi-totalité du territoire américain. 85 % d'entre eux sont effectivement des avocats « publics » et sont donc libérés des contraintes de la politique locale, ce qui n'est pas le cas des 15 % qui sont élus, essentiellement dans le sud des États-Unis.

Les doutes les plus sérieux ont été émis concernant le système électif – pour désigner les PD aussi bien que les *District Attorneys* (ou DA, c'est-à-dire l'accusation). Celui-ci soumet le candidat aux pressions de l'opinion publique – plutôt favorable à la défense de l'ordre et au maintien de la peine capitale – et aux aléas de la politique politicienne. De surcroît, l'élection ne garantit pas la compétence juridique du candidat. Dans les faits, bien que les PD soient pratiquement toujours des avocats non seulement compétents mais souvent enthousiastes et dévoués, ils se heurtent à un problème de perception par leurs clients (c'est-à-dire les prévenus). Les enquêtes font apparaître que pour des raisons historiques, géographiques et psychologiques, l'inculpé n'a pas toujours le sentiment qu'il sera « bien » défendu par un « vrai » avocat. C'est souvent dû au fait que tous les services de la justice au sens large – tribunaux, accusation et défense – sont encore (ou en tout cas ont longtemps été) regroupés sous le même toit, ce qui contribue à accréditer cette impression d'amalgame, même si ce n'est pas le cas dans les faits. La seule dérive qui risque de se produire est due à la technique bien particulière du *plea bargaining.* Si le PD est tenté d'en abuser à des fins de simplicité, de rapidité ou pour ne pas créer un climat conflictuel avec le DA avec qui il travaille régulièrement, ces accords négociés risquent alors de se faire au détriment de l'inculpé et en violation des droits qui lui sont reconnus par le *Bill of Rights.*

Égalité de la justice et qualité de la défense. — Même lorsqu'un accusé passible de la peine de mort n'a pas de ressources (et c'est le cas de la majorité d'entre eux) et qu'il se voit attribuer un avocat, tous les problèmes ne sont pas réglés pour autant. Il apparaît en effet que ces avocats, souvent spécialisés dans d'autres domaines du droit et pas en droit pénal, sont mal préparés et peu au fait des règles bien particulières s'appliquant aux affaires de peine de mort. Et le fait qu'ils soient sous-payés n'arrange pas les choses. Or la compétence de l'avocat est essentielle ainsi qu'en témoignent deux exemples parmi d'autres. Dans deux affaires similaires de 1983, *Smith v. Kemp* et *Machetti v. Linahan,* seul l'avocat de Machetti conteste la composition du jury constitué en violation des dispositions constitutionnelles. L'accusé est jugé une seconde fois et condamné à perpétuité. Smith lui est condamné à mort et exécuté.

Si la compétence est essentielle, elle semble aller de pair avec la possibilité de rémunérer soi-même son avocat. Dans les États du Sud qu'on appelle la ceinture de la mort parce qu'ils sont responsables à eux seuls de 90 % des peines de mort, les trois quarts des accusés reconnus coupables de meurtre et défendus par des avocats commis d'office sont condamnés à mort ; la proportion n'est que d'un tiers pour ceux qui peuvent rémunérer leur avocat. Ce décalage est dû au fait qu'il n'existe pratiquement aucun critère de désignation des avocats commis d'office et qu'en outre ceux-ci sont très mal rémunérés, ce qui explique que de nombreux procès dont l'issue est la peine capitale ne durent que deux ou trois jours – à comparer avec les mois du procès pénal d'O. J. Simpson.

On estime qu'un procès dont l'issue peut être la condamnation à mort requiert de quatre cents à mille heures d'enquête et de recherche (rappelons que la procédure est accusatoire) et le procès lui-même entre huit cent cinquante et mille heures-avocat. Or, la plupart des États ne prévoit aucune prise en charge de la première étape essentielle dans un système accusatoire (Rapport ABA, *Task Force on Death Penalty Habeas Corpus*, 1990) et les honoraires sont plafonnés à 1 000 $ dans le Mississippi et 3 500 $ en Floride et en Caroline du Sud. Et lorsque les honoraires ne sont pas plafonnés, le taux horaire est fixé à un niveau à peine supérieur au salaire minimum. La conséquence est claire : ou l'avocat se ruine, ou il « bâcle » la défense de son client.

Dans cette hypothèse, la Cour suprême a prévu, en théorie du moins, la possibilité pour un accusé de mettre en cause la qualité des services dont il a bénéficié mais elle a limité cette possibilité de façon drastique dans *Strickland v. Washington* (1984). L'accusé doit en effet prouver que les services fournis par l'avocat ont été bien inférieurs à un critère objectif de ce qui est raisonnable et qu'il existe une probabilité raisonnable que l'issue du procès aurait été différente avec un avocat plus compétent ; en fait, il existe une présomption de services satisfaisants en faveur de l'avocat, ce qui explique qu'au Texas, 40 % des requêtes pour incompétence soient rejetées en vertu de la jurisprudence Strickland.

L'aide juridique et judiciaire civile. — En matière civile, la situation est toute autre. L'aide judiciaire a longtemps été laissée à l'initiative privée, à la différence de l'Europe où le droit à un avocat est reconnu, au civil comme au pénal, depuis plus d'un siècle. Si l'on prend le cas de l'Angleterre, ce droit a été incorporé à la *common law* dès 1495 et actuellement les avocats sont rémunérés par le gouvernement (*Legal Aid Act* de 1974). En France, les grandes étapes ont été l'assistance judiciaire qui date de 1851, remplacée en 1972 par l'aide judiciaire et enfin par l'aide légale en 1990.

Aux États-Unis, le problème tient à la fois à l'absence de disposition constitutionnelle garantissant le droit à un avocat en matière civile, ainsi qu'à l'existence du système fédéral et à celle d'une mosaïque de systèmes judiciaires rendant impossible, culturellement aussi, toute solution centralisée du type français (d'avant 1992) avec paiement des avocats sur budget de l'État. C'est ce qui explique qu'à part les *contingency fees* dans certaines affaires rien n'a existé au plan fédéral avant 1974 et qu'au niveau des États de nombreuses institutions de nature privée et philanthropique se soient substituées à l'État défaillant et aient mis en place des systèmes d'aide judiciaire.

Mais les efforts étaient dispersés, hétérogènes et regroupés sous des appellations souvent ambiguës ou ne traduisant en aucune manière le type d'aide apportée. Parmi ceux-ci, citons *Der Deutsche Rechtsshutz Verein* créé en 1876 par la Société allemande à New York pour apporter une assistance dans les conflits entre propriétaires et locataires ou en matière de droit familial et plus généralement pour empêcher l'exploitation des immigrants allemands ; mais cette organisation, comme celles de l'époque, était plutôt une aide philanthropique et une réaction à des abus de droit que la reconnaissance d'un droit général d'accès à la justice et à un avocat.

L'inégalité dans le fonctionnement de la justice civile est dénoncée dès 1917 dans un livre qui a fait date *Justice and the Poor* dans lequel l'auteur R. Heber Smith recommande la création d'un réseau national des organismes d'assistance juridique qui voit le jour en 1923 et devient plus tard la *National Legal Aid and Defender Association* (NLASA). Malgré tout, la règle est la pénurie et l'impossibilité d'obtenir une assistance juridique ou judiciaire en matière civile. Dans les années 60, on parle de quelque 400 avocats à mettre en regard avec les 50 millions de pauvres. Et les 157 organisations auxquelles appartiennent ces avocats sont regroupées dans quelques régions de l'est du pays, ce qui laissait des régions sans aucun dispositif d'aide et introduisait une inégalité (régionale) supplémentaire.

Le changement arrive en 1964 dans le cadre de la « Guerre contre la pauvreté » lancée par le président Johnson. L'idée que la fourniture d'une aide judiciaire puisse faire partie d'un programme de lutte contre la pauvreté est proprement révolutionnaire et a d'ailleurs posé de gros problèmes par la suite. L'*Office of Economic Opportunity* (OEO), créé par une loi de 1964, rend possible la création et le financement d'un organisme distinct, la *Legal Assistance Association.*

La loi de 1964 (EOA) met en place un système décentralisé ; ce sont donc des organismes locaux qui reçoivent les fonds et à qui il incombe de déterminer la meilleure façon de s'attaquer aux problèmes de pauvreté et de favoriser l'accès à la justice. En 1970, le programme est en place et bien différent d'un programme d'aide juridique classique comme il peut en exister en France. Plus qu'un service ponctuel rendu à des justiciables individuels, il s'agit d'aider les pauvres d'un secteur de façon globale. Ce programme, voulu par les « sociaux démocrates » convaincus que le système juridique ne produit pas la justice sociale, veut aller plus loin qu'un classique programme d'aide judiciaire. Il s'agit d'éduquer, de sensibiliser les intéressés mais aussi de remédier aux inégalités du système et de favoriser l'application de la loi en faveur des pauvres. C'est cette attitude activiste et libérale qui explique l'hostilité du président Reagan et des républicains qui, depuis 1980, à défaut de supprimer la *Legal Services Corporation* (LSC, son nom depuis 1974) ont opéré des coupes sombres dans ses budgets successifs et continué leurs attaques, ce qui a immédiatement entraîné la diminution du nombre des avocats salariés qui travaillent dans les centres d'aide judiciaire.

De nos jours, la situation reste difficile en matière civile où le droit à un avocat n'est pas véritablement reconnu. Il faut le déduire comme une conséquence du droit plus large des citoyens à une procédure juste et à un accès égal à la justice. C'est donc dans ce domaine que les initiatives privées sont les plus nécessaires : création de centres juridiques pour les pauvres, services bénévoles *(pro bono)* des avocats inscrits au Barreau et des étudiants en cours d'études. *Pro bono* (« pour le bien ») renvoie à des programmes dans lesquels les avocats s'engagent à affecter un certain nombre d'heures chaque année pour représenter des clients qui n'ont pas les moyens de rémunérer un avocat. Il faut alors bien distinguer *pro bono* volontaire ou obligatoire et avocats commis d'office selon que l'avocat est rémunéré (ceci pose le problème du niveau de la rémunération) ou non (et ce peut être un cas de bénévolat obligatoire).

Les initiatives sont nombreuses et fonctionnent bien, mais on se heurte là à un problème d'échelle ; il faudrait les multiplier par 10, 20 ou 50, ce qui explique que cabinets d'avocats, barreaux des villes et des États font tout pour rendre le bénévolat aussi attractif que possible, en particulier pour les étudiants et les jeunes avocats pour qui il peut constituer une fructueuse entrée dans la vie professionnelle. Ainsi, le barreau de San Francisco a lancé en 1990 un programme étendu de bénévolat, le VLSP *(Voluntary Legal Services Program)* faisant appel à la bonne volonté des avocats, jeunes et moins jeunes, et à celle des *paralegals* (assistants juridiques n'ayant pas passé le Barreau). Il vise à compléter le dispositif de *legal aid*, qui en raison des coupes sombres ne permet plus d'aider les indigents en matière civile.

Ce programme fonctionne essentiellement en matière civile où les besoins sont énormes : problèmes de divorce, de garde d'enfants, tutelle, expulsion des locataires mais aussi *Homeless Advocacy Project* (pour les sans-domicile ou ceux risquant de le devenir) ou *Legalization Project* pour aider les immigrés clandestins à régulariser leur situation au regard de la loi (*Immigration Reform and Control Act* de 1986). Les affaires se plaident en grande partie devant les tribunaux de l'État de Californie mais aussi devant les juridictions fédérales, lorsqu'il s'agit d'affaires relevant du droit fédéral, comme pour les cas de discrimination en matière d'emploi ou de droits civiques.

En conclusion, sur cette question de l'accès à la justice et compte tenu des besoins immenses et des ressources financières qui seraient nécessaires, c'est sans doute plutôt dans la direction des initiatives individuelles et décentralisées qu'il faut chercher un début de solution d'ailleurs conforme à la culture propre aux Américains.

III. — L'égalité devant la justice

L'égale protection des lois, inscrite dans le XIVe amendement devrait garantir une justice égale pour tous. Il n'en est rien ; la justice, comme la société, traite différemment les femmes, les Noirs, les pauvres pour ne considérer que ces trois exemples. Ainsi l'égalité hommes/femmes n'existe pas. C'est parfois à l'avantage des femmes qui sont moins souvent condamnées, en particulier à la peine de mort mais le plus souvent à leur détriment, comme dans les affaires d'adultère dans l'armée ou de meurtre en état de légitime défense dans les affaires de violence conjugale. Ici, la justice est un révélateur des valeurs de la société (américaine en l'occurrence) et il est inutile de faire un procès à la justice.

L'égalité raciale est également mise à rude épreuve. L'objectif ici est d'assurer une égalité aussi grande que possible des Noirs et des minorités devant la justice et la peine de mort. Mais les Noirs ont statistiquement plus de chances de commettre des crimes et d'être démunis, ce qui rend la tâche d'autant plus difficile. Ainsi, en matière de drogue, les inégalités sont criantes, selon que les condamnations sont pour trafic de crack ou de cocaïne – la seconde étant sanctionnée moins sévèrement. Or, 88 % des infractions touchant au crack sont commises par des Noirs. Par ailleurs, les disparités sont grandes selon la cour fédérale de district qui entend l'affaire. Il y a très peu de réductions de peines dans le nord de l'Indiana (8,5 %) et beaucoup plus dans certains districts de Pennsylvanie (54,1 %). Cette inégalité n'est bien sûr pas l'apanage des États-Unis.

Peine de mort et discrimination raciale. — Garantir l'égale protection de la loi et l'absence de discrimination raciale se doit d'autant plus d'être une priorité quand la peine de mort est en jeu. Pourtant, ce ne semble pas être celle de la cour Rehnquist lasse, semble-t-il, du libéralisme des années 70 et confrontée, il est vrai jusqu'à récemment à une montée de la criminalité. L'affaire *McCleskey v. Kemp* de 1987 est une bonne illustration. Selon l'accusé, la peine de mort en Géorgie n'était pas administrée de façon impartiale et les chiffres compilés par un professeur de l'Université d'Iowa sont éloquents : les individus accusés d'avoir tué un Blanc ont 4,3 fois plus de chances d'être condamnés à mort que ceux qui ont tué un Noir. Loin de s'interroger sur les raisons possibles de cette inégalité devant la mort (que les juges suprêmes ne remettent pas en cause), les juges suprêmes admettent ces disparités, les jugeant inévitables et affirment que leur prise en compte relève du Législatif et c'est exact. Cela pose néanmoins la question de la coloration de la Cour Renhquist (est-elle conservatrice ?) et du rôle de la Cour suprême : doit-elle adopter une attitude de réserve (c'est-à-dire laisser agir les autres branches quand une question est de leur ressort) ou bien pratiquer l'activisme judiciaire ?

Changement de juridiction et discrimination raciale. — L'égalité devant la justice, c'est aussi l'assurance d'un procès « juste ». Or, de nombreux facteurs interviennent et en particulier la composition du jury et le lieu du procès qui affectent la décision finale. Un changement du lieu du procès a des conséquences importantes ainsi qu'en témoigne par exemple l'affaire Rodney King de 1992. Les policiers blancs accusés d'avoir passé à tabac King se sont d'abord vu refuser un changement de lieu avant que la cour d'appel de Californie ne se prononce en leur faveur permettant ainsi que l'affaire soit jugée dans une banlieue en grande majorité blanche (Simi Valley), ce qui élimina *ipso facto* les Noirs, aboutit à un jury composé de 10 Blancs, 1 Hispanique et 1 Asiatique, un verdict de non-culpabilité et des émeutes qui firent plus de 50 morts.

La *common law* donne le droit aux juridictions d'ordonner un changement de lieu, si c'est nécessaire pour garantir à l'accusé un procès juste et un jury impartial provenant de l'État et de la circonscription où a été commis le crime. La Cour suprême a interprété cette disposition du VIe amendement comme requérant un changement de ressort territorial lorsqu'une trop grande publicité ou d'autres facteurs rendent « raisonnablement » impossible la tenue d'un procès juste dans le ressort initial (*Groppi v. Wisconsin*, 1971).

IV. — Justice et médias

Les Américains sont un peuple procédurier ; ils sont attachés au droit, aux règles juridiques qui régulent leurs rapports et à leur justice. C'est un point connu depuis Tocqueville et confirmé chaque année par le nombre d'affaires qui viennent devant les tribunaux, le nombre d'avocats et l'intérêt que les Américains portent à leur justice. Les médias écrits et la télévision ont bien compris cet attrait et répondent à la demande, ce qui pose le problème de la façon dont les médias traitent et couvrent les affaires judiciaires et celui de savoir si cette « orgie » de nouvelles judiciaires est souhaitable. Un problème essentiel touche à la sacro-sainte liberté d'informer qui risque de détruire ou réduire à néant un autre principe primordial, celui de la présomption d'innocence. Enfin, autoriser les caméras dans le prétoire ne risque-t-il pas de porter atteinte au droit du justiciable à bénéficier d'un procès juste, et accessoirement influer sur le comportement du juge et celui des avocats ?

La présomption d'innocence. — La couverture des affaires judiciaires a inévitablement des relents de « sensationnalisme » même si elle est approfondie et omniprésente et n'est pas vécue comme en France essentiellement sous l'angle de la violation du secret de l'instruction ; en effet, la presse et les médias ont le droit de rendre public tout ce qui n'a pas été obtenu de façon illégale. L'enquête sur l'attentat qui a eu lieu durant les Jeux olympiques d'Atlanta en juillet 1996 est à cet égard révélatrice. Pendant trois mois, Richard Jewel, un gardien du parc où a explosé la bombe a fait figure d'accusé. Il a été suivi, poursuivi par le FBI, par les médias jusqu'au 26 octobre, date de sa mise hors de cause par le procureur. Bien que présumé innocent, Jewel a pendant quatre-vingt-huit jours été déclaré coupable par l'opinion publique et les médias, et il demande des dommages et intérêts. Mais aux États-Unis, les organes de presse sont libres de rendre publiques toutes les informations judiciaires qui n'ont pas été obtenues de façon illicite. Pendant l'instruction du dossier d'un prévenu, seules les délibérations du *grand jury* sont secrètes. Et rien n'empêche la police, le FBI ou l'avocat de l'accusé d'organiser des fuites ou de porter à la connaissance des médias des éléments dont eux-mêmes ont connaissance.

En cas de fuite, la presse n'est pas passible de poursuites, si les informations sont dignes d'intérêt et exactes et si elles ont été obtenues légalement et non par effraction ou tout autre moyen illicite. Par contre, si elles sont inexactes, le journal ou la chaîne de télévision peut être poursuivi et condamné à payer des dommages et intérêts. Et s'il y a eu infraction, le journaliste peut être tenu de révéler ses sources, sauf dans les États où ont été adoptées des législations protectrices des droits de la presse *(shield laws)*.

En cas de silence des autorités judiciaires, comme dans l'affaire JonBenet Ramsay où l'enquête semble piétiner, les médias jouent un rôle actif dans la recherche de la vérité et n'hésitent pas à laisser entendre la culpabilité des parents. Il s'agit du meurtre précédé de sévices sexuels d'une petite « reine de beauté ». Tous les élément du sensationnel sont réunis ici puisqu'outre le sexe et la violence, les parents sont riches, la petite fille (âgée de 6 ans) participait à des concours de beauté et une demande de rançon longue de trois pages a été découverte. On peut se demander pourquoi l'enquête n'avance pas et en cas d'arrestation des parents si ceux-ci, compte tenu de l'atmosphère surchauffée, pourront bénéficier d'un procès juste et équitable, garantie qui découle du *Bill of Rights* et de l'incorporation de ces garanties via le XIVe amendement à la Constitution.

Le droit à un procès juste et équitable. — Cette question tranchée à plusieurs reprises par la Cour suprême est aussi au cœur de l'affaire O. J. Simpson. Compte tenu de la publicité qui a entouré tout l'affaire, la poursuite sur autoroute et l'arrestation qui ont joui d'une couverture médiatique ininterrompue en temps réel, O. J. pouvait-il espérer un procès juste ? Ici la question majeure est celle du choix du lieu du procès et du choix des jurés qui seront amenés à se prononcer sur la culpabilité (ou non) de l'ancien champion. Était-il réaliste de « trouver » des jurés qui n'auraient pas entendu parler de l'affaire tout en étant des citoyens intéressés par la chose publique ou à défaut qui n'auraient pas, avant le procès, une idée toute faite ou préconçue sur son innocence ou sa culpabilité ? Mark Twain était bien conscient du problème dans *Roughing It* (1872) : « A l'époque du télégraphe et des journaux, le système du jury nous condamne à ne garder comme jurés que les idiots et les scélérats car le système du jury élimine les honnêtes gens et les personnes intelligentes. » En fait, Défense et accusation ont cherché, en usant de leurs droits de récusation, à s'assurer d'un jury qui leur soit favorable plutôt qu'impartial durant toute la procédure de sélection des jurés. Compte tenu du lieu où s'est tenu le procès, le résultat a été un jury composé quasi uniquement de membres des minorités, ce qui contribue à expliquer le verdict de non-culpabilité, surtout quand on sait que la défense avait fondé toute son argumentation sur le trucage des preuves par un policier animé par des motivations racistes, créant ainsi un « doute raisonnable » dans l'esprit des jurés.

Les médias au prétoire. — Un aspect essentiel des relations entre justice et médias est la présence de journalistes et de caméras au prétoire, découlant de la liberté de la presse garantie par le Ier amendement mais qui risque d'être en contradiction avec le droit à un procès juste par un jury de ses pairs (VIe amendement). Le risque de conflit est évident et la Cour suprême s'est prononcée sur ce point dès 1878 *(Reynolds v. United States)* affirmant que c'est à la défense qu'il appartient de montrer que l'opinion d'un juré était suffisamment forte pour être présumée partiale. La presse estime, quant à elle, que la couverture médiatique n'a rien d'anormal et n'empêche pas un procès juste. En 1925, pour la première fois, une affaire est vécue en direct à la radio par les auditeurs. Il s'agit du fameux *monkey trial*, procès au cours duquel est jugé le Pr John Scopes qui enseignait la théorie de l'évolution à ses élèves. Mais c'est l'affaire Lindberg en 1935 (procès de Bruno Richard Hauptman accusé d'avoir kidnappé le jeune fils de l'aviateur) qui crée une telle anarchie (le public applaudit les témoins) et entraîne une telle débauche de moyens pour l'époque (141 reporters photo, 125 opérateurs télégraphiques) que le Barreau (ABA) adopte la règle 35 de son Code d'éthique judiciaire recommandant l'interdiction des appareils photo dans les prétoires.

Le problème atteint un autre sommet avec l'arrivée de la télévision que l'ABA propose d'exclure également (1952), mais cela n'empêche pas l'invasion de la presse et de la télévision dans l'affaire Sheppard accusé d'avoir roué de coups sa femme enceinte et pourtant maintenu en liberté. *Why isn't Sheppard in Jail ?* s'interroge un éditorial du *Cleveland Press* qui fit ses gros titres sur l'affaire durant les vingt-trois jours qui précédèrent le procès. Dans ces conditions, l'accusé pouvait-il être assuré d'une procédure juste ?

L'arrêt *Sheppard v. Maxwell* de 1966 fait partie d'une série de décisions rendues par la Cour suprême dans les années 60, sous la présidence du libéral *Chief Justice* Earl Warren et qui toutes mettent en lumière la façon dont les médias peuvent affecter le bon déroulement d'un procès pénal. En 1961, dans *Irwin v. Dodd,* la Cour définit un test permettant de déterminer la présence de préjugés chez un juré. Dans *Rideau v. Louisiana* (1963), les juges suprêmes annulent la condamnation d'un homme qui avait avoué le meurtre devant des caméras de télévision. Et en 1965, c'est l'affaire *Estes v. Texas* qui a pendant des années été interprétée comme une interdiction des caméras dans l'enceinte du tribunal. Ainsi l'affaire *Chandler v. Florida* s'appuie sur la jurisprudence *Estes* pour considérer que la présence de caméras dans la salle du tribunal constitue une violation intrinsèque d'une procédure juste *(due process)*.

Et quand les commentaires injustes et partisans deviennent la règle, les juges cherchent à limiter l'action des médias via des ordonnances-bâillon *(gag orders)*. Ces *gag orders* peuvent aller très loin ; en 1967, le juge qui préside au procès de Richard Speek accusé d'avoir tué six élèves infirmières, a interdit les croquis d'artistes et toute déclaration aux médias par les acteurs au procès (avocats, témoins, jurés). Les médias avaient le droit de publier ce qui figurait au procès verbal officiel. Point final.

La marche vers *Court TV*. — Malgré tout la presse ne se laisse pas baillonner et obtient des victoires, comme dans l'affaire *Nebraska Press Association v. Stuart* dans laquelle la Cour suprême rejette l'ordonnance du juge visant à bâillonner la presse. Dans *Richmond Newspapers Inc. v. Virginia* (1980), la Cour suprême admet les huis clos seulement dans des conditions exceptionnelles (et pas seulement pour protéger des mineurs – *Globe Newspapers Co. v. Superior Court* (1982)). Et en 1981 le feu vert est donné aux États pour expérimenter et même permettre aux médias d'être présents lors de l'étape cruciale de la sélection des jurés *(Press Enterprise v. California)*. En conséquence, tous les États, à l'exception de l'Indiana, du Mississippi, du Dakota du Sud et du District de Columbia autorisent aujourd'hui la télévision dans des proportions différentes et selon des modalités différentes.

Si on juge sur la réalité récente, la tendance est à plus et pas moins de couverture médiatique des affaires judiciaires et pas seulement pénales et pas uniquement sur *Court* TV, chaîne dédiée qui fonctionne dix-huit heures par jour et consacre 100 % de son temps à tout ce qui touche à la justice. Toutes les chaînes ont au moins une émission consacrée à la justice, un site Web *(Court* TV*)* ou une rubrique justice sur son site Web ; et les *talk shows* consacrent une large attention à ces questions. Toutes les affaires récentes ont été couvertes par *Court TV*, CNN et les autres chaînes câblées ou non, ont fait l'objet de nombreuses émissions et *talk shows*, permettant le plus souvent au téléspectateur de s'exprimer ou de poser des questions aux intervenants. Ce type de couverture médiatique présente au moins deux dangers ; tout d'abord, les intervenants ne sont pas tenus par les règles de déontologie des journalistes et, malgré les efforts du meneur de jeu, peuvent dire tout et n'importe quoi. Au téléspectateur de se faire une idée s'il le peut et s'il a la chance d'entendre les deux sons de cloche. Le deuxième danger est que l'attention de l'opinion publique est attirée sur quelques affaires, selon des critères qui n'ont rien à voir avec l'intérêt de l'affaire mais en fonction de son caractère sensationnel, de la notoriété de l'individu en cause et du score d'audience qu'est susceptible d'obtenir l'émission. A cet égard, et à côté de la retransmission en intégralité de procès bien scandaleux (comme les frères Menandez accusés d'avoir assassiné leurs parents... parce que ceux-ci leur auraient fait subir des sévices sexuels, ou affaire Lorena Bobbitt déjà citée), *Court* TV a le grand mérite de s'intéresser (et donc d'informer le téléspectateur) à des affaires moins connues et au fonctionnement de l'appareil judiciaire à tous les niveaux et dans sa quotidienneté.

Qu'il y ait intérêt pour ces sujets et que les médias se soient engouffrés dans un créneau porteur est indéniable. Faut-il y voir une fascination pour le morbide et le sensationnel ou simplement une preuve supplémentaire que les États-Unis sont un État de droit et que tous les problèmes sont portés devant les tribunaux, y compris des problèmes « frivoles » qui n'auraient aucune chance de se faire entendre dans d'autres pays ? Peut-être la réponse est-elle à mi-chemin ? La dernière question qui se pose est de savoir si ce grand déferlement médiatique contribue à l'avènement d'une meilleure justice et d'un citoyen mieux informé ou si la télévision se contente de fausser les règles du jeu et de modifier le comportement du juge et celui des avocats.

CONCLUSION

De par la Constitution, la société américaine assigne à sa justice une part qui paraît adéquate dans le système des pouvoirs mais cela ne veut pas dire que l'institution fonctionne bien et dans le sens de davantage de justice. De France, on voit bien que la justice est omniprésente et que les problèmes de quelque ordre que ce soit se règlent devant les tribunaux mais la tentation ou la tendance peut être de s'attacher aux excès et aux insuffisances de la justice américaine et il y en a inévitablement. En effet, la justice américaine, comme celle des autres démocraties est confrontée à un triple défi sociologique, politique et économique et pourtant elle progresse, en raison de ses exigences strictes qui découlent aussi bien de la Constitution et du *Bill of Rights* que de la tradition, de l'histoire et paradoxalement du pragmatisme américain. Fin 1997, il est question non seulement de remédier aux « deux poids, deux mesures » qui prévalent dans l'armée (entre hommes et femmes, entre gradés et non-gradés) mais aussi de justice écologique. En d'autres termes, est-il juste qu'un quartier défavorisé héberge davantage d'usines polluantes (et créatrices d'emploi ?) qu'un quartier aisé dont les habitants savent s'organiser et réagir ?

Le recours au juge a toujours été le mode de fonctionnement normal et non le privilège d'une minorité comme ce fut longtemps le cas en France et il existe un véritable marché du droit. Par ailleurs, le juge américain continue de jouer son rôle politique de contrôle de la vie collective par le droit (c'est la *judicial review* au sens large) et de contre-pouvoir. La politique et les politiques ne sont pas à l'abri de la justice car les tribunaux sont des agents politiques et personne aux États-Unis ne s'en formalise. Il leur incombe certes de mettre en œuvre la justice sociale mais aussi de rendre des décisions qui sont au cœur du processus politique : décision *United States v. Nixon* en 1974 qui conduit le Président à démissionner et décision Paula Jones en 1997 qui donne le feu vert pour que le procès intenté contre le président Clinton par Paula Jones (pour harcèlement sexuel) puisse avoir lieu dès mai 1998, soit avant la fin du mandat présidentiel.

Le dernier défi est économique car il existe une demande quasi infinie de toujours davantage de justice qui se heurte aux ressources nécessairement et de plus en plus limitées de l'État fédéral et des États. Or, ce manque financier met en danger les principes mêmes sur lesquels repose la justice américaine. Faut-il voir un début de solution dans la diversification des modes d'accès à la justice, dans ce qu'A. Garapon appelle la « desinstitutionnalisation » de la justice ou encore dans l'émergence de nouveaux rapports entre État et société civile ? La question vaut d'être posée et attend une réponse.

BIBLIOGRAPHIE

OUVRAGES EN FRANÇAIS

Cedras Jean, *La justice pénale aux États-Unis*, Economica, 1990.
Cohen-Tanugi Laurent, *Le droit sans l'État : sur la démocratie en France et en Amérique*, PUF, 3e éd., 1987.
Favoreu L., *Le contrôle juridictionnel des lois*, Economica, 1984.
Guarnieri C. et Pederzoli P., *La puissance de juger*, Éd. Michalon, 1996.
Lasalle Jean-Pierre, *La démocratie américaine : anatomie d'un marché politique*, Armand Colin, 1991.
Levasseur Alain A. (éd.), *Le droit des États-Unis*, 2e éd., Dalloz, 1994.
Toinet Marie-France, *Le système politique des États-Unis*, PUF, coll. « Thémis », 1988.
Toinet Marie-France, *La Cour suprême : les grands arrêts*, Presses Universitaires de Nancy, 1989.
Tunc A. et S., *Le droit des États-Unis : sources et techniques*, Dalloz, 1955.

OUVRAGES DE RÉFÉRENCE ET DICTIONNAIRES

The Oxford Companion to the Supreme Court of the United States, ed. by Kermit Hall, Oxford University Press, 1992.
Black's Law Dictionary, 6e éd.
Dictionnaire de l'anglais économique et juridique, anglais/français et français/anglais, A. Deysine *et al.*, Livre de Poche, 1996.

OUVRAGES EN ANGLAIS

Abraham Henry J., *The Judicial Process*, Oxford University Press, 6e éd., 1993.
Auerbach Jerold S., *Unequal Justice : Lawyers and Social Change in Modern America*, Oxford University Press, 1976.
Bickel Alexander, *The Least Dangerous Branch : The Supreme Court at the Bar of Politics*, Yale University Press, 2e éd., 1986.
Clayton C. W., *The Politics of Justice. The Attorney General and the Making of Legal Policy*, New York, Sharpe, 1992.
Cox Archibald, *The Court and the Constitution*, Boston, Houghton Mifflin, 1987.
Dahl R. A., Decision-making in a Democracy : The Supreme Court as a National Policy-Maker, dans *The Journal of Public Law*, n° 6, 1957.
Gates J. B. et Johnson C. A. (ed.), *The American Courts. A Critical Assessment*, Washington, Congressional Quarterly, 1991.

Haar Jonathan, *A Civil Action*, Vintage Books, 1995.
Hall Kermit L., William M. Wiecek et Paul Finkelman, *American Legal History : Cases and Materials*, Oxford University Press, 1991.
Howard Philip K., *The Death of Common Sense : How Law is Suffocating America*, Warner Books, 1996.
Hufstedler F., Reshaping the judicial system, dans *Southern California Law Review*, 1971.
Lewis Anthony, *Gideon's Trumpet*, Vintage Books, 1964.
Scalia Antonin, *A Matter of Interpretation*, Princeton University, 1997.
Schwartz Herman, *The Burger Years : Rights and Wrongs in the Supreme Court, 1969-1986*, Penguin Books, 1987.
Woodward Bob et Armstrong S., *The Brethren : Inside the Supreme Court*, Avon Books, 1979.

PISTES INTERNET

http://www.vote.smart.org/judiciary *(federal judiciary)*
http://www.vote.smart.org/supct (Cour suprême)
http://www.lawnet.net/general.html (général)
http://www.law.cornell.edu/lii.table/html (arrêts)
http://www.fjc.gov/govlinks.html *(federal judicial center)*

http://home.earthlink.net/~ynot/ *(the injustice line)*

BIBLIOGRAPHIE THÉMATIQUE « QUE SAIS-JE ? »

La justice en France, n° 612
Les grandes dates du droit, n° 2890
Histoire de la justice, n° 137
La lutte contre la corruption, n° 3258
La peine de mort, n° 1834
La peine et le droit, n° 2837

TABLE DES MATIÈRES

Imprimé en France
Imprimerie des Presses Universitaires de France
73, avenue Ronsard, 41100 Vendôme
Mars 1998 — N° 44 859